青少年校园学习中应该懂得的礼仪

本书编写组◎编

QINGSHAONIAN XIAOYUAN

XUEXI ZHONG YINGGAI

DONGDE DE LIYI

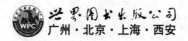

世界图书出版公司

广州·北京·上海·西安

图书在版编目（CIP）数据

青少年校园学习中应该懂得的礼仪／《青少年校园
学习中应该懂得的礼仪》编写组编 . —广州：广东世界
图书出版公司，2010.4 （2024.2 重印）
ISBN 978 - 7 - 5100 - 1589 - 2

Ⅰ. ①青… Ⅱ. ①青… Ⅲ. ①礼仪 - 青少年读物
Ⅳ. ①K891. 26 - 49

中国版本图书馆 CIP 数据核字（2010）第 049959 号

书　　名	青少年校园学习中应该懂得的礼仪	
	QING SHAO NIAN XIAO YUAN XUE XI ZHONG YING GAI DONG DE DE LI YI	
编　　者	《青少年校园学习中应该懂得的礼仪》编写组	
责任编辑	刘上锦	
装帧设计	三棵树设计工作组	
出版发行	世界图书出版有限公司　世界图书出版广东有限公司	
地　　址	广州市海珠区新港西路大江冲 25 号	
邮　　编	510300	
电　　话	020-84452179	
网　　址	http://www.gdst.com.cn	
邮　　箱	wpc_gdst@163.com	
经　　销	新华书店	
印　　刷	唐山富达印务有限公司	
开　　本	787mm×1092mm　1/16	
印　　张	13	
字　　数	160 千字	
版　　次	2010 年 4 月第 1 版　2024 年 2 月第 9 次印刷	
国际书号	ISBN　978-7-5100-1589-2	
定　　价	49.80 元	

前　言

　　学校作为学生每天学习、生活的小环境，是我们增长知识、陶冶情操和锻炼身体的主要场所。美好的校园环境是全体师生共同努力的结果。生活在一个人人努力追求美、创造美的环境中，大家的素质会得到不断提高。建设文明、高雅的校园环境需要各种力量和多方面因素的相互配合，其中一个非常重要的因素，就是学生们要懂得学校生活中的礼仪。

　　在学校生活中，青少年的衣着、谈吐、举止不仅展现出了个人风貌，更直接体现着一个学校的校风校貌。因此，青少年从小懂得仪表、举止、交往礼仪显得尤为重要。

　　青少年随着年龄的增长和生活环境的变化，自我意识有了新的发展，在学校中他们过着集体生活，与其他同学处在平等位置，失去了以前那种对父母的"血缘上的"、"无条件的"依赖。因此，通过人际交往活动，并在交往过程中获得友谊，是适应新的生活环境的需要，是从"依赖于人"的人发展成"独立"的人的需要，也是青少年成功地走向社会的需要。事实上，在学校期间，能否与他人建立良好的人际关系，对一个人的成长和学习有着十分重要的影响。

　　渴望友谊和情感交流是青少年心理的一个重要特点。但也有不少青少年却不同程度地表现出"自我封闭"的倾向。较为普遍的原因有两个方面：一方面是没有真正理解什么是友谊，在人际交往过程中没有走出早期人际交往形成的"依赖他人"、"不平等的"人际交往模式，在人际交往过程中表现出"依附于人"、"利用他人"、"个人中心"、"求全责备"等倾向，偏离友谊"无私、平等、尊重"的根本原则；另一方面是缺乏社交技巧，不善于表达自己的情感和思想，也不善于了解他人的感情和思想，缺乏共同的兴趣和爱好。

青少年缺乏礼仪基本知识，不能良好与人沟通，将导致人际交往受挫或交际范围狭窄。长期发展的结果就是感到孤独寂寞，缺少朋友，形成一些心理障碍，不利于心理健康的发展。

本书为青少年介绍了在学校生活中应该注意的仪表礼仪、仪态礼仪、交往礼仪；在不同的场合应该懂得的礼仪以及在各种组织和团体活动中应该懂得的礼仪。希望青少年能够通过阅读本书提高个人礼仪修养，培养与同学交往的实际能力，养成良好的礼仪习惯，具备基本的文明素养，让礼仪之花在校园绽放。

由于编者水平和视野所限，书中的错误和不足之处在所难免，敬请读者谅解。

目 录
Contents

礼仪概述

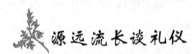

源远流长谈礼仪

礼仪的产生可以追溯到远古时期。随着生产的发展和人类群体生活的复杂化，客观上产生了一种需要：要有一种较为统一的规范来约束个人的行为，以维护社会的安定和发展。于是，在一定的群体中约定俗成地形成了一些规范。

这些规范经过长期演化而定型和深化，其中一些成为一定地域一定民族的礼仪习俗和礼仪规范。在美国著名人类学家摩尔根的不朽著作《古代社会》中，对北美印第安人召开行政会议的开幕式是这样描述的：

原始部落的女人

各部落的首领带着他们的随从经常在开会前一两天到达会址，在距离会场不远处驻营。到了预定开会的那一天日出之时，他们接受鄂农达加部首领的正式欢迎。他们从各自的营地分别整队前往会场，每人披着皮袍，鄂农达加部的首领带着成群的部民在那里等待他们。

然后，首领们站成一个圆圈，指定一位鄂农达加部的首领担当典礼主持人，他朝着日出的方向站着。等到发出信号，他们就由北面起绕着圆圈行进。在这里可以提一下：这个圆圈朝着北面的一边叫做"寒冷之方"；朝西的一边叫做"日没之方"；朝南的一边叫做"太阳高照之方"；朝东的一边叫做"日出之方"。他们排成单行，沿着圆圈绕行三周。

钻木取火

之后，每个首领按同样的顺序——将身上的皮袍铺在地上，坐于皮袍之上，两腿交盘，他们的副首领各立于自己身后。稍事休息后，典礼主持人起立，从他的袋中掏出两块干木片和一块引火的朽木，用来钻木取火。他用这种方法取火后点燃一堆篝火。接着，典礼主持人发出信号，首领们都起立，绕着篝火圈环行三周，也和先前一样由北向南，每一个人在绕行时，不停地旋转着自己的身体，这样就使身体的四面都能感受到篝火的温暖。这种方式象征他们彼此获取温暖的感情，以便在友好团结的气氛中处理会议的事务。

接着他们再坐回各自皮袍上，坐毕，典礼主持人再站起来，纳烟草于和平烟管之中。因为北美印第安人以烟管表达和平与战争，接受烟管表示和平，拒绝烟管表示战争。然后将烟管放在自己的篝火上点燃，连续喷烟三次，第一次喷向天空，第二次喷向地下，第三次喷向太阳。第一次喷烟是表达对天神的感恩，感谢天神在过去的一年保护了他的生命，使他能出席这次会议；第二次喷烟是表达对地母神的感恩，感谢她以种种产物维持了他的生活；第三次喷烟是表达对太阳神的感恩，感谢太阳光明不灭，普照万物。这些意义不是用嘴说出来的，动作本身即表达上述含义。

然后，他把烟管传给他右边朝北的第一个人，那位首领也模仿他所行的仪式，接着再依次往下传，这样连续下去直到绕篝火圈一周。用这种烟管吸烟的仪式也表示他们保证彼此间的信任、友谊和名誉。

上述仪式就是会议开幕式的全部，开幕以后主持人就宣布已作好准备，即将着手处理召开此次会议所需解决的事务了。

　　这样的开幕式，除了设备和技术条件不能与现代的某些开幕式相提并论，它在组织的严密、场面的壮观、仪式的隆重、气氛的热烈、精神的专注、感情的投入等方面，丝毫不比现代会议逊色。

　　原始社会礼仪的一个非常重要的特点，在于礼仪的等级观念是民主、平等的。

　　所谓礼仪等级，是广义的等级概念，既包括社会地位的等级，如贵贱、上下等，也包括家庭地位的等级，如辈分、长幼、亲疏等。

　　历史上任何一种礼仪，都不可能不包含着等级区分的观念。换言之，礼仪是以等级区分为前提的，没有等级区分，也就没有礼仪。原始社会的礼仪当然也不例外，原始社会礼仪不同于后来奴隶社会、封建社会的礼仪，根本特征就在于等级观念的民主性和平等性。

　　根据摩尔根对北美易洛魁氏族和早期雅典氏族的考察，在原始社会中，每个氏族成员在人身方面都是自由的，在个人权利方面也都是平等的。这种民主、平等的精神已经渗透到原始社会生活的每一个方面，而且必然构成原始社会礼仪的鲜明特色。摩尔根在《古代社会》中多次提到氏族成员对各种礼仪活动"极感兴趣"，他们总是"满怀热诚地从各个非常遥远的地区成群结队赶来参加"。氏族成员发自内心的热诚以及经久不衰的高昂兴趣，实际上正是这些礼仪活动中民主、平等精神的一种曲折反映。

　　礼仪是有地域性和时代性的，由于地域的不同，在不同的人类群体中有不同的礼仪，而这种礼仪随着时代的变迁也会发生变化。

　　同时，人类社会生活的共同性也为不同地域、不同民族的礼仪带来了沟通和相融的基础，这又为礼仪的发展和趋同创造了条件。

　　人类进入奴隶社会以后，礼仪便开始了在阶级对立的社会中曲折发展的历史。

　　无论是最早的奴隶主阶级和以后的封建地主阶级，还是后来的资产阶级，他们都十分重视礼仪的作用，而且千方百计地将礼仪纳入他们的思想体系。

　　正如马克思、恩格斯所指出的："任何一个时代的统治思想都不过是统治阶级的思想。"奴隶社会的礼仪，以及后来封建社会的礼仪和资本主义社会的礼仪，都不可避免地分别打上了奴隶主阶级、封建地主阶级和资产阶级的烙印，不可避免地成为剥削阶级思想占主导地位的礼仪。

如果说等级观念的民主性、平等性是原始社会礼仪显著的、重要的特征，那么以强制性取代民主性，以不平等性取代平等性，则是奴隶社会、封建社会乃至资本主义社会礼仪的必然要求。因为原始社会礼仪的民主、平等精神是以原始社会中不存在阶级对抗和阶级利益冲突为前提的。既然在奴隶社会、封建社会和资本主义社会中，阶级对抗客观存在，阶级利益的冲突愈益尖锐，那么在这些社会形态的礼仪中，当然也就没有民主、平等地位可言了。

《周礼》是中国历史上第一部记载礼的书籍，是反映中国奴隶社会周王室官制和战国时期各国制度的一部经典著作。其中关于"质人"一职的规定是这样写的："质人：掌成市之货贿、人民、牛马、兵器、珍异。凡卖者，质剂焉。"意思是，质人，掌理市场上货物的买卖；奴婢、牛马、兵械、车辇用器。凡货物买卖，以券书作为凭证。其中几样货物的排列次序，据郭沫若先生的分析，"是由贱而贵的，人以最贱而被列在第一位"。

原始社会礼仪的这种强制性和不平等性，不但为封建社会的礼仪完全沿袭并变本加厉，而且在理论上还进行了伪装与粉饰，并借助封建礼教予以软硬兼施。在"修身、齐家、治国、平天下"的最后，融国家法权与道德修养于一体，要人们追求修己之道，听命于统治阶级的治人之政，以求得封建统治阶级的天下太平；把人们教化成"非礼勿视，非礼勿听，非礼勿言，非礼勿动"的精神奴隶。礼教文化的根本思想是"天地君亲师"，它教人去服从，服从天地的法则，服从君王的统治，服从祖先的训诫，服从先师的教诲。

例如我国古代野蛮的妇女殉葬制，在进入封建社会之后，由于人民的反抗和社会的进步，有些时候就不再实行了，但始终没有完全杜绝。到了明代，殉葬制又死灰复燃，朝廷却假惺惺地规定，对殉葬者一律从物质、精神上给予褒奖鼓励。

洪武 31 年（1398 年），建文帝把张凤、李衡等 11 名为太祖殉葬的宫女的父兄由锦衣卫所试百户、散骑带刀舍人进为本所千百户，从厚优恤，带俸世袭，世称"太祖朝天女户"。宣德十年（1435年），英宗追赠为宣宗殉葬的惠妃何氏为贵妃，谥"端肃"。同时，赵氏等九名宫女也都被追封为妃，分别谥以美称，谥册称："兹委身而蹈义，随龙驭以上宾，且荐徽称，用彰节行。"意思是说：她们献出了自己的身体和生命，以信守和遵循礼义，追随先帝而去，给她们加上这些美称，就是为了表彰如此的节操和品行。

正是在这种披上一层封建礼仪薄纱的野蛮制度下，一批又一批妇女被推进了殉葬的深渊。

明永乐二十二年（1424年）明成祖死后，"宫人殉葬者三十余人。当死之时，皆饷（就食）于庭，饷辍，俱引升堂，哭声震殿阁。堂上置木小床，使立其上，挂绳围于其上备以头纳其中，遂去其床，皆雉颈（屈颈闭气）而死"。其中有个朝鲜选献的韩妃，临终时对守候在身边的乳母大声连呼："娘，吾去！娘，吾去！"话音未落，便被太监踢开木床，一命呜呼。

这种野蛮、残酷而又极为伪善的特征，可以说是封建社会礼仪反动本质的体现。

鲁迅先生的小说《祝福》中有一段关于祭祀的描写。由于祥林嫂有过夫死被卖乃至两次守寡的经历，因此被鲁四老爷视作"伤风败俗"的女人，祭礼的时候不让她沾手。她分配酒杯和筷子，被制止了；她取烛台，也被制止了；她用历年积存的工钱，在土地庙捐了门槛，以为赎了这一世的罪名，再祭祖时坦然去拿酒杯和筷子时，还是被制止了。不但从生活上和物质上，特别是从精神上将祥林嫂摧垮并将她逼向死亡的，正是包含封建礼仪在内的封建礼教。

难怪鲁迅先生在另一篇小说《狂人日记》中，在深刻地揭露了反动礼教吃人的本质后，发出了振聋发聩的"救救孩子"的呼喊。鲁迅先生的名著《孔乙己》也无情地鞭挞了封建礼教的"吃人"本质。

腐朽反动的封建专制制度是全部封建礼仪赖以生存的基础和温床。随着封建专制制度退出历史的舞台，这种灭绝人性的、野蛮而又伪善的封建礼仪最终走向瓦解，取而代之的则是被有些人称之为"文明礼仪"的资本主义社会的礼仪。

资本主义社会的礼仪之所以被称为"文明礼仪"，这是因为资本主义社会的礼仪取代封建社会的礼仪，是一种历史的必然和历史的进步。

而且事实上，资本主义社会，尤其是现在一些比较发达的资本主义国家，在礼仪建设上的确作出了极大努力并取得了巨大成功，其礼仪文明和礼仪水准已达到前所未有的高度。

举一个极其普通常见的例子："女士优先"的原则就是在资本主义社会形成并发展起来的一种文明礼仪。如果联系封建社会对妇女的歧视，我们不难理解，创造并推行"女士优先"的文明礼仪，确实是资本主义社会对人类文明礼仪的一大贡献。

在资本主义的社会里，"文明礼仪"这个名称不是十分恰当的。因为大量事实证明，资本主

女士优先

义的"文明礼仪"不一定文明。无论在资本主义社会的初期、中期还是当今，资本主义社会的礼仪都留下了许多不文明的记载。美洲殖民者驱赶和屠杀印第安人，霸占了他们的土地和家园；德国法西斯在集中营里，杀害了成千上万手无寸铁的犹太居民；帝国主义曾在中国的租界内挂上"华人与狗不得人内"的牌子……所有这些，都揭示了资本主义礼仪野蛮的一面。

或许会有人说那是资本主义社会对其他民族和国家的态度和方式。但在其社会内部，可能就不会这样了。难道真是这种情形吗？答案是否定的。

我们拿美国总统来做个例子，美国总统应该是美国社会文明礼仪的代表吧，但是海外一篇题为《脏话满嘴粗话成篇，美利坚总统都爱国骂》的文章提到："许多美国元首都爱讲粗话和骂脏话。约翰逊是史上之最，杜鲁门的脏话也不绝于耳，其他老是口出秽言的白宫主人，更不胜枚举。"文章写道，约翰逊"开口闭口'他妈的'。当了总统以后，恶习难改，'混蛋'

之声响彻白宫。"文章引述《掌权者》一书中的例子说：有一次，哥伦比亚广播公司特派一名年轻的男化妆师麦克尔·赫尼克为约翰逊化妆。约翰逊看了录像带之后却火冒三丈，自认为被打扮成不三不四的样子。震怒之下，他叫麦克尔·赫尼克到白宫报到。赫尼克一走进总统的办公室，面红耳赤的约翰逊就对他吼道："小子，你他妈的混蛋！"赫尼克吓呆了，刚吐出"先生"二字，约翰逊又吼道："小子，你他妈的混蛋！"赫尼克完全不知道发生了什么事，站在那儿发呆。约翰逊对侍从吼道："把他带走。"一名便衣保镖把赫尼克带出去，并向他解释总统不喜欢他的电视化妆。

文章说，经过这件事，赫尼克终于看到了"自由世界领袖"的真面目。

总统尚且如此，一般公司的老板会是什么德性也就不难想像了。比如世界上最大的证券公司——日本野村证券，由于对整个世界证券交易的巨大影响力，因而在日本国民的心目中，野村证券是日本经济发展的晴雨表，而"野村人"（在野村证券工作的职员）已成为日本高等社会身份、实力以及社交能量的标志，是大亨阶层的代名词。对于其职员，野村很注意人情投入，然而这只是为了避免员工外流给公司造成损失。野村素有"千面观音"之称，经理们并不总是一副笑脸，对待那些"不识相"的，野村有的是"办法"。

有一次，东京大学一位成绩优秀、能力超群的即将毕业的女生，在被两个大财团同时相中，争相"内定"的情况下，选定了另一个财团而放弃了野村。她因为过意不去，便造访野村，找到与之接洽的那位负责人，婉言谢其美意。没料到原来和蔼可亲的经理勃然大怒，指着她的鼻尖破口大骂："不识抬举的贱货，竟敢拨野村的面子。"顺手抄起桌边的一瓶墨水砸了过去。那位姑娘大惊失色，来不及躲闪，落得墨汁满身，淋漓而去。这还不算了结，野村还利用其影响力，派人威胁姑娘选定的那家财团，使其放弃录用这个姑娘的打算。

野村对于加入公司的新人，都要举行一个短暂而甜蜜的欢迎仪式，但随之而来的却是压得整天喘不过气来的工作。每个职员每天都规定了必须完成的业绩目标，对没有完成业绩者，任何人都可以对其当面侮辱、责骂，甚至在大庭广众之下拳脚相加。有一位职员因未达到业绩目标，竟被罚站面壁一天，像被老师惩罚的小学生一样，被搞得毫无人格可言。

总之，资本主义礼仪是一种自诩"自由、平等"但并未真正实现自由、平等的礼仪，是一种标榜不使用强制力量却终究要靠强制力量的礼仪；资本主义礼仪想要超越奴隶社会和封建社会的礼仪，但奴隶社会和封建社会的礼仪却依旧阴魂不散。资本主义社会是人类历史上最后一个建立在私有制基础之上的不平等社会；同样，资本主义礼仪也是人类历史上最后一种带有强制性质的礼仪，随着资本主义社会向社会主义社会的过渡，人类礼仪彻底摆脱强制枷锁的那一天也就到来了。

最后需要说明的是，这里介绍奴隶社会、封建社会和资本主义社会的礼仪时，主要谈的是作为统治阶级的奴隶主、封建地主和资产阶级的礼仪思想及其特征，其实在这三种社会形态下，具有人民性的优秀礼仪传统并没有屈服于统治阶级的反动意志，它们顽强地抗争着，发展着。一直延续到社会主义社会来临的这一天，融会于体现人类最高文明的社会主义新型礼仪之中。

礼仪修养

礼仪是一种行为准则，其中诸如礼貌、礼节、仪式等都有许多具体的规范和约定俗成的做法，需要我们了解掌握。当然，学习礼仪需要一定的技巧与技能。

礼仪也是一门学科

每一个青少年可能或多或少地懂得一些礼仪知识，但把它视为一门学科，从而自觉地比较系统比较全面地来学习的，恐怕为数不多。有些青少年甚至认为懂不懂礼仪无关紧要，作为一门知识来专门学习更是多余的，这些看法是错误的。实际上，无论对于个人和集体，还是对于国家和民族，礼仪都十分重要，因为懂不懂礼仪，不仅体现了个人文化素质和道德水准的高低，而且会影响集体生活的和睦和温馨，在国际交往中也往往关系到国家的声誉和外交的成败。我们要不断加深对礼仪的重要性和必要性的认识，认识提高了，学习礼仪就会成为一种自觉的追求而不是额外的负担。

学习礼仪，贵在实践

礼仪知识是一门实践、应用性很强的知识，学习礼仪和学习其他科学文化知识一样，目的在于实践。我们可以从现在开始有意识地培养、锻炼自己，在与同学的日常交往中，自己的一举一动都按礼仪的要求行事。久而久之，就能逐渐养成良好的礼仪习惯。青少年只有不断培养自己的礼仪习惯，提高自己的文化修养，才能树立一个高素质的跨世纪青少年的形象。学而不用，或者只要求别人讲礼，自己不讲礼，都是不对的。

当然，在谈到礼仪时，我们不应当忘记，这只是处理同学与同学、同学与老师之间关系的一种最基本的要求。对于我们共产主义事业的建设者和接班人来说，还有一个更高的规范，那就是"助人为乐"和"全心全意为人民服务"的社会主义规范。无数老一辈无产阶级革命家，无数雷锋、孔繁森式的英雄人物，都为我们树立了光辉的榜样。我们青少年一代，应当在懂礼貌的基础上进一步把自己培养成为社会主义事业的建设者和接班人，这也是我们新时期进行礼仪教育的更进一步的目的。

助人为乐的雷锋

"入乡"就要"随俗"

学习礼仪的基本知识，要注意"入乡随俗"，尊重各地区、各民族、各个国家以及各种人群的礼仪规范。

礼仪是一定地域的人们在长期的共同生活中逐渐约定俗成的，因此，不同地域，不同民族，不同国家，常常有不同的礼仪习俗和礼仪规范。如

入乡随俗

果我们不懂这些，就容易出现"无礼"的表现，造成很坏的影响，甚至招致失败的结局。因此，我们主张，一是要注意学习不同地域不同民族不同国家的礼仪的基本知识；二是要坚持"入乡随俗"的原则。

在这方面我们可以举出很多范例。邓小平"客随主变"就是一个突出的典范，邓小平同志有吸烟的习惯，而且总是先点燃一支烟再听有关人员汇报。1985年9月20日上午，时任中共中央顾问委员会主任的邓小平同志会见新加坡领导人李光耀先生，这天在会见厅，不仅他自己不点烟，工作人员把香烟递给他时，他也断然拒绝，说："今天不吸了。"在座的人惊奇地问："邓主任今天为什么宣布不吸烟了？"邓小平回答说："李光耀总理闻不得烟味。"原来，这是邓小平1978年访问新加坡时知道的。当时，他拜会李光耀总理和李光耀总理回拜他时，他都没有吸烟，并且风趣地说："客随主'变'嘛！"由此可见尊重宾客的风俗习惯在国际交往中是多么重要，它是平等待人的直接体现。在国际交往中，礼仪已成为一种世界性的文明财富。

我国是一个多民族国家，在一个学校里，既有汉族的学生，也有回族的学生，还有其他少数民族的学生。同学与同学之间也要注意少数民族同学的习惯，如果在他们面前毫无顾忌，也是一种不尊重人、不礼貌的表现。

总之，礼仪是人类文明的标尺。人类需要礼仪；人类社会离不开礼仪，反过来说，也只有人

邓小平和李光耀

类才懂得礼仪。今天，在社会主义新中国，礼仪是人类心灵的展现，是每一个青少年人生旅途中的一门必修课。

"知书识礼"

礼仪是人的社会化的重要内容之一，可以促进人类文化的延续和文明水准的提高。一个具有良好文明素质的民族，必定是一个讲礼仪、懂礼貌的民族。同样，一个具有良好文化素质的人，也必定是一个讲礼仪、懂礼貌之人。

懂礼仪是高素质的表现

"知书识礼"是我们民族公认的高素质的一种表现。这里说的"书"，我们今天可以理解成知识和技能两个方面，"知书"，就是要掌握一定的知识和技能；这里说的"礼"则是人际交往中应当遵循的言行规范。一个具有高素质的人，不仅拥有丰富的知识和多方面的技能，而且应当懂得怎样与人相处，怎样与人共事。

西方心理学家提出一种"情感智力"或称"情商"的理论。这一理论认为，除了智商之外，还有一种叫做情感智力的因素在人的成功中起着重要作用。这种情感智力包括自我情感的觉察和表达能力；自我情感的控制能力；自我激励能力；了解他人情感的能力以及人际关系协调能力等几个方面。心理学家认为，高智商并不是成功的充分条件。智商和成功之间还有一系列的中介变量，情感智力就是其中最为重要的一种。可以说，智商使人赢得机会，而情感智力则决定人是否能够获得成功。这种理论的提出，使我们认识到高素质不仅仅表现为具有渊博的学识和多方面的技能，而且应当有相当高的情感智力。显然，这一理论与我们传统的"知书识礼"的观念正相吻合。

在日益强调整体效应的今天，提高学生的情感智力，使学生的素质得以全面发展就显得更为迫切和重要。在学校开展的礼仪教育，实际上也是一种情感智力教育，是一种适应新世纪需要的高素质的教育。

礼仪概述

懂礼仪是通向成功之路的桥梁

在人的一生中，我们会遇到各种各样的矛盾，其中自我与环境的矛盾是最为直接和经常碰到的。一个人从出生开始，不可能生活在真空中，他总是在一定的自然和社会环境中生活和工作着，他也总是受到周围环境的影响和制约。一个人生活在一个怎样的环境，特别是他怎样对待所处的环境，怎样处理与周围环境的关系，对于他的一生将朝着怎样的方向发展，将取得怎样的成就有着至关重要的意义。因此，青少年朋友从踏入人生旅程开始，就必须认真思考和处理好自我与环境的关系。

对于学生来说，他人是学生的环境，集体是学生的环境，整个社会是学生的环境，大自然也是学生的环境，其中影响最直接的是同学与同学之间的关系。我们常常可以看到这样一种情况，有些学生由于不善于处理与他人的关系，常常与别人发生碰撞，从而给他人带来不愉快，也使自己苦恼。如果人人都懂礼貌，相互之间能互相谦让，也就为自己、为他人创造了一个良好的学习环境。

人类在长期的共同生活中，逐渐意识到处理好彼此关系的重要，也逐渐找到了一种规范，用以调节彼此的关系，保持一种良好的人际环境。这种规范十分重要的一个方面就是礼仪。校园中的同学们由于性格的差异、观点的不同、风格的各异，往往在处理问题上，在待人接物上有不同的方式和不同的态度。"以礼待人"，就可以互相尊重和容忍彼此的这种差异，不致因相互碰撞而导致关系紧张。通过礼仪的调节，我们可以与周围的同学保持一种和谐的甚至是温馨的关系。显然，这就为我们愉悦地学习，充分发展自己的才能以及互相支持、互相帮助创造了一个良好的人际环境。

我们常常看到这样的情况，有的同学才能不凡，但不善于与人相处，不懂得以礼待人，他们因此而常常与成功无缘，胜利之果对于他们常常是可望而不可及的事情。而有的同学虽然才能不是最杰出的，却能以礼待人，能够把很多不同个性而各具才华的人团结在一起，因此他们总能成就一番事业。汉高祖刘邦和楚霸王项羽的例子就值得我们深思，刘邦自己在文治武功方面并不是有杰出才能的人；相反，项羽却是一员战将。但是他们一个能以礼待人，知人善任；一个缺乏谦恭礼让、团结他人的才能，到头来胜利之果被开始并不强大的刘邦所摘取。

人们从无数类似的事例中总结出一条真理：懂礼仪是通向成功之路的桥梁，而不懂礼仪却常常使我们与胜利失之交臂。广大青少年都应当记住这些历史的经验和教训，做一个懂礼仪的人。

学习礼仪是社会主义精神文明建设的重要内容

随着生活水平的提高，物质生活的日益丰富，人们对精神文明的追求也越来越高了。如今，社会主义精神文明是社会主义的重要特征，是社会主义现代化建设的重要目标和重要保证。校园礼仪是学生在校园生活中应当共同遵守的一种礼节与仪式规范，是社会公德在个人仪表举止、校园交往上的体现。因此，礼仪教育是社会主义精神文明建设中的一项重要内容。我们要使自己成为社会主义事业的建设者和接班人，成为新世纪的高素质人才，就必须自觉地学习礼仪，并且身体力行。

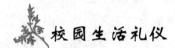

校园生活礼仪

同学之间要互相团结友爱，学生对师长要有礼貌，衣着打扮要符合学生的身份，公共场所要遵守社会公德等等。如果一个学生连这些都做不到，那么，他就缺乏做一个文明人的基本素质。

注重学校礼仪可以培养我们良好的品德行为。通过礼仪教育，从尊敬国旗、国歌开始培养爱国主义的情感，在日常行为中按照学校礼仪的要求规范自己的一言一行，经过长期的熏陶，就能逐渐养成良好的礼仪习惯，形成良好的思想品德。

注重学校礼仪可以树立学生的良好形象。讲礼貌，注意个人的仪表，穿着打扮和谐得体，会使男同学显得朝气蓬勃，积极向上；女同学显得端庄活泼，朴素大方。同学之间、师生之间彬彬有礼，整个校园气氛将更加和谐、文明。

注重学校礼仪可以使我们懂得如何建立良好的人际关系。心理学家认为，无论在校园，还是在社会中，每个人都有受人尊敬的需要。而要获得他人的尊重，必须首先尊重他人。人们总希望自己在社会生活中受到公正、平等的对待，这种公正、平等是建立在互相尊重的基础上的。在改革开放的大环境下，人们的交往范围不断扩大，人际关系更为密切。要适应环境，搞好学习，必须注意建立和谐的人际关系。对于在校学生来说，与同学团结友好、尊重师长、关心同学，这些有利于人际关系和谐的行为习惯，并不是在走出校门踏入社会后就会自然而然形成的，必须在学生时代、在学校里就注重养成。

让世界充满乐趣

"表面上礼仪有无数的清规戒律，但是根本目的却在于使世界成为一个充满生活乐趣的地方，使人变得平易近人。"这是1922年，埃米莉·波斯特在《西方礼仪集萃》一书中这样写到的话语。校园生活礼仪最能体现她的这一说法。所谓校园生活礼仪，是指我们在校园交往和活动时应该共同掌握和遵循的正确的社会行为规范。它是社会主义精神文明建设的重要内容之一，是社会公德的具体体现，每一个同学都应该自觉遵守。

校园生活礼仪的内容十分丰富，具体体现在平等待人、团结互助、敬老爱幼、尊重女同学、尊师重教、移风易俗、爱护公物、保护环境、遵纪守法等诸多方面。

校园生活礼仪的特点

校园生活礼仪具有以下四个特点：

（1）规范性

校园生活礼仪是学校在长期的校园生活中约定俗成的实用性礼仪，同学们在教室、图书馆、食堂、宿舍等各种公共场所的行为，都有明确的规范要求。每个同学都应该按照这些要求去做，

遵守校园规则

如果违背了这些要求，就会受到校规的处罚。

（2）广泛性

同学们的交往和活动总是在一定的时空中进行的，因此，校园生活礼仪时时有，处处有。每位同学都在校园生活中扮演着一定的角色，每一个角色都是校园生活中的一个行为主体，无论男同学，女同学，都要受到一定的礼仪规范的制约。

（3）多样性

社会是一个纷繁复杂的系统，人们的交往和活动包含着丰富的层次。我们从"物以类聚，人以群分"可以看出人与人之间存在不同的差异和层次；我们从"入乡随俗"可以体会出不同的地域有不同的风俗习惯，不同的个人在他的生活、学习的特定领域又有特定的礼仪要求。我们从"时过境迁"可以悟出任何事物都在发展变化的道理，校园生活礼仪也是这样。

校园生活礼仪既反映了同学们的素质，又可以看出物质生活、文化生活、风俗习惯等社会现象对大家的影响，因此，我们说校园生活礼仪具有多样性的特点。

（4）文化性

校园生活礼仪作为一种对人的行为规范和要求，体现的是一种人品文化的韵味，是社会公德的具体体现，是社会主义精神文明建设的重要内容，也是新时期思想道德建设和文化素质建设的具体内容，它反映的是一定时期一个社会的文化品德和文明程度。因此，校园生活礼仪的文化性非常丰富。

对中学生进行礼仪教育的意义

礼仪教育是素质教育的重要内容之一，历来为我国思想家和教育家所重视。孔子强调："质胜文则野，文胜质则史。文质彬彬，然后君子。"其大意是说，只重品质朴实，而不重仪表礼节文雅，则显得粗野；只重仪表礼节文雅，而缺乏质朴的品格，则显得虚浮，只有两者结合，才是一个有教养的人。

文明礼貌、礼仪修养是青少年应该特别注意养成习惯的第一件人事。我国古代礼仪教育特别强调从小抓起，养成习惯，做到体貌兼习，行为美与心灵美相统一。孔子非常重视学生在日常行为方面的培养教育，他要求学生衣冠整齐，走有走姿，站有站相，坐有坐态。为人处世要彬彬有礼，温文尔雅。《史记·孔子世家》中说："孔子以诗、书、礼、乐教弟子，盖三千焉，身通六艺者，七十有人。"其中"六艺"指的是礼、乐、射、御、书、数，而"礼"则为"六艺"之首。管仲所作的《弟子职》是我国第一部学生守则，被列为学生尊师礼节和学习、生活方面的行为规范。宋代教育家朱熹从教40余年，他编写了《小学》、《蒙童须知》等教材，对少年儿童进行礼仪教育。《三字经》是我国流传时间最长、范围最广、影响最大的一本启蒙教材，相传为南宋学者王应麟所著，被誉为"古今奇书"，被联合国教科文组织选入儿童道德教育丛书。《三字经》中写道："为人子，方少时。亲师友，习礼仪。"就是说，做儿女的，正当年少时，就要拜师访友，学习礼仪。清代学者李子潜编写的《弟子规》则以学规、学则的形式规定了学生从早到晚饮食起居、言谈举止、待人接物等方面的礼仪规范。书中写道："晨必盥，兼漱口，便溺回，辄净手。冠必正，纽必结，袜与履，其紧切。置冠服，有座位，勿乱顿，致污秽。……年方少，勿饮酒，饮酒醉，最为丑。步从容，立端正，揖深圆，拜恭敬。……凡出言，信为先，诈与妄，奚可焉。话说多，不如少，惟其是，勿忘巧。刻薄语，秽污词，市井气，切戒之。"古人提出的这些教育思想、教育理论和行为规范与准则，对今天的青少年仍有很好的教育意义，对青少年的健康成长很有裨益。

　　我国近代、现代史上也有许多伟大人物，在礼仪修养方面造诣都是很深的，他们的作风、为人处世的方式态度都堪称为我们的楷模。周恩来总理是举世公认的最有风度的领导人之一，对于他多方面的良好修养，人们只能用"无与伦比"来赞美。周恩来在天津南开中学读书时便特别注意自己的礼仪修养。

有风度的周总理

"面必净，发必理，衣必整，纽必结。头容正，肩容平，胸容宽，背容直。气象：勿傲、勿暴、勿急。颜色：宜和、宜静、宜庄"，这是周总理规范自己言谈举止的座右铭。他待人处世仪态亲切，非常直率，镇定自若而又十分热情。他优雅的举止，极富魅力的气质风度给人留下深刻难忘的印象，凡是与周总理接触过的中外人士无不为他的风度、学识所倾倒。

今天对青少年学生进行礼仪文化教育，是具有深远意义的：第一，有益于弘扬我国优良的礼仪传统。我国的礼仪文化有着完整的体系和丰富的内容，前人给我们留下了宝贵的礼仪文化遗产。几千年来的礼仪实践，在我国积淀了丰富的礼仪文化成就，并对世界文化特别是中国周边国家的文化产生了深远的影响。作为炎黄子孙，我们有责任、有义务将之继承并发扬光大。第二，对于正在成长的青少年学生来说，为人处事是人生最关键的一门功课。通过对中学生进行礼仪教育，教会他们为人处事的一般原则，培养他们乐观、豁达、健康的心理素质，训练他们善于合作、热心参与、善于交往、善于应变的能力，提高他们的人文素质，为他们将来走向社会更好地发挥才能，拥有更多的成功机会创造条件。第三，对学生进行礼仪文化教育，是适应素质教育和精神文明建设的内在要求。当前基础教育正面临着由应试教育向素质教育转变的重大改革，素质教育要求学生在德、智、体、美、劳诸方面都得到全面发展，而德育放在首位。礼仪属于德育范畴，又深寓着美育教育，是德育中的基础教育。它从人类最基本的行为入手，教会人们在规范自身行为的同时，培养高尚的道德情操。所以说，礼仪教育是德育教育，是实实在在的精神文明建设，是学校实施公民道德建设，培养"爱国守法、明礼诚信、团结友善、勤俭自强、敬业奉献"的有高尚道德素养的合格公民的重要途径。

仪表礼仪

自我形象怎么定位

"认识自己"是让自己面对一个真实的自我，把真实的自我拿来面对社会，就是"形象定位"。尤其是现在，强调专业高于一切，所以"形象定位"必须充分考虑自己的工作需求。

首先是作合适的装扮：

了解自己的身材、脸型、个性特质以及工作需求，再参考专家的意见，设计出既具个人风格又符合工作场合的造型，就能给人留下更加得体的印象。

还要表现学习能力：

掌握机会、用适当方法表现自己的才能，让老师、同学们迅速认识自己。同时，应掌握不躁进、不矫情的大度思想，更应坚持"胜不骄、败不馁"的原则。

也要适当表现个性：

虽然在一个有制度、有规模的大公司工作，不适合展现自己的个性，但是一味地压抑、曲迎也不是长久之计，其实，公司本意也并非如此。可以用适当的方式，让自己的个性做合理的伸张。

同时要表现自己的修养：

修养的好坏，可以表现出一个人智慧的大小、气度的深浅。特别是在别人急躁、慌乱的时候能用个人修养圆融化解，最能树立良好的形象。

必须注重礼仪：

礼仪是"发乎中形于外"的肢体语言，也是人与人沟通良好与否的重要因素之一。尤其在职场上，一个具礼仪风范的人，往往能摒除情绪干扰，就事论事，化戾气为祥和，特别能建立个人良好形象。

实践证明，以上几点是自我形象定位非常有效的方法。

个人清洁之八大戒条

经过调查总结，个人清洁有八大戒条，如果你不小心犯了下面"八戒"中的其中一条，那就需要多加注意了。

蘸着唾液点钱：

一次去银行取钱，我前面的人取完钱后边走边蘸着唾液点钱，天啊，多脏啊！以后我每次取完钱后，心里都暗自祈祷，希望我取的钱千万不要沾上别人的唾液。

牙齿不清洁：

一次我带着朋友去一家饺子馆吃饺子，吃完后他也没清理牙齿，偏偏他牙齿上粘着一片韭菜，而且还是粘在前面的牙齿上，饭后和他聊天时我觉得看着特别扭，我只好尽量把目光投向别处。

挖鼻孔，鼻毛长到鼻子外来：

有一次坐地铁时，我正对面的那位先生不停地挖鼻孔，好像从西直门一直挖到安定门，我突然想起了韩寒在《书店》里写的那句话，"像是隋朝开运河"。

一件衣服穿一季：

我们公司的会计好像就只有一身衣服，我进公司都快两个月了，却从未见他换过衣服。幸亏衣服是黑色的，要是白色的，估计现在也成黑色的了。

指甲脏：

我平时就不喜欢别人留长指甲，尤其是指甲缝里有脏东西。有一次去

吃涮羊肉，服务员端菜的时候我发现她的指甲特别长，而且还有点脏，当时就没胃口了。这家店还是一家很有名的涮羊肉店呢，怎么会有这样的服务员？以后我再也不去那里吃东西了。

不经常洗头发：

我们班有一个男生，头发总是油油的，看起来脏兮兮的。女生有时在宿舍讨论，他是不是一个月洗一次头发啊。

吸鼻涕：

一次上课的时候，身边坐的那位男同学好像是感冒了，不停的吸鼻涕，也不用纸巾擦擦。我尽量遏制自己不去听那种声音，因为越想就会觉得越恶心。

身上有异味：

不经常洗澡、早上不刷牙就出来见人，那是臭味，不是"男人味"。一次我的一个同事去我家做客，一脱鞋满屋都是脚臭味，熏死我了。打那以后我再也不敢邀请他来我家玩了。

养成良好的习惯

养成良好习惯是保障身体健康，提高学习和工作效率的重要保证。卫生习惯包含的内容也很多，在这里我们重点地讲一讲生活习惯和学习习惯。

一、生活习惯

良好的生活习惯包括有良好的起居习惯，科学的饮食习惯，高雅的情趣爱好等方面。

中小学生正处在长身体的阶段，良好的起居习惯对身体大有好处。要有规律地生活：早睡早起，保证 8 小时睡眠；坚持锻炼，保持良好的身体状态和心理状态；按时作息，学习时间不宜过长，不睡懒觉，不开夜车；看电视要有节制。在考试阶段要事先定好计划，按计划复习功课，保证生活的规律性。在放假时也不要过于松懈，在保证休息，养精蓄锐的同时，要定好计划，按时学习和锻炼。实际上，在有规律的生活中还可以锻炼自己的意志力，养成坚毅的品格。

科学卫生的饮食习惯对于青少年也很重要。有的同学怕自己太胖，不敢吃饱；还有的同学挑食，好吃的吃不够，不爱吃的不张口，造成营养不平衡；还有的同学吃饭没规律，早饭不吃，午饭凑合，晚饭猛吃，饥一顿饱一顿，这都是不良的饮食习惯。

科学卫生的饮食习惯应当是：

（1）按时按量；

合理膳食

（2）全面营养，不挑食；

（3）专时专用，细嚼慢咽，在吃饭时不看书报，不看电视，不边吃边写作业，也不要边吃边大声说笑或边走边吃；

（4）不吃不洁食物，不吃零食。街上卖小食品的个体摊贩很多，大多卫生条件较差，尽量不买他们的即食食品；

（5）吃饭前要洗手；

（6）饭后半小时之内不吃冷食，防止胃病，平时冷食也要适量；

（7）不吸烟、不喝酒。

吸烟的害处是大家都知道的。动物实验表明，注射 0.05 ~ 0.07 克尼古丁就能致人于死地。每一支烟含尼古丁 0.2 ~ 0.5 毫克。吸烟会影响人体内脏器官发挥正常功能，如会导致心率加快、头疼头晕、记忆力下降、嗅觉不灵等等，更重要的是使呼吸道疾病的发病率大大增加。烟草中的致癌物质可以诱发癌症。最近专家们还发现烟草中有放射性物质。调查数字表明，相同年龄的人中，吸烟者比不吸烟者死亡率高出 80% 以上；15 岁以前吸烟者为不吸烟者死亡率的 2.17 倍，15 ~ 19 岁开始吸烟者为不吸烟者死亡率的大约 2 倍，由此可见吸烟的年龄越小对健康的危害越大。中国预防医科院和卫生工程研究所的研究结果指出：按现在的趋势，20 岁以下的人中间，我国将有 5000 万人最终死于吸烟引起的疾病。到 2025 年，也就是现在的中学生进入中年的时候，我国每年因吸烟死亡的人数将由每年 10 万增加到每年

仪表礼仪

200万人。

青少年常因吸烟走上违法犯罪的道路，这样的例子并不少见。在北京市某区工读学校就有这样一条醒目的标语："吸烟，是青少年走上犯罪道路的桥梁。"在一篇题目为《吸烟使他走上犯罪道路》的文章中，讲了几个同学因学会了抽烟逐步走向犯罪的经过。文章说：为了弄到烟，先是捡破烂卖点钱，后来到工地"摸"东西换钱，再后来就是偷家里的钱、物。其中一个同学由于吸烟的关系又和社会上不三不四的人混在一起，滑向了犯罪的泥坑，进了公安局。这样的事不只发生在一个同学身上，值得我们警惕。

吸烟有害健康

有的同学不是不知道吸烟的害处，但当别的同学"送烟"时，碍于面子，也就吸了。有的还认为这是别人尊重自己，欣然接受，久而久之也养成了吸烟的习惯。现在这些同学中有的人已从接受别人的烟变成向别人"送烟"，这样，吸烟的同学越来越多，带来的危害也越来越大。要制止这种现象继续发生，首先要分清是非，"送烟"是送毒、送害，凡是"送烟"的人如果不想害人就要立即停止"送烟"举动。受烟者也要清楚，接受是受害的开始。有一个患有心肌炎的同学，住院时才明白，后悔地说："当初就是为了面子才抽烟，要知道会引起心肌炎，我就不抽了。"是面子害了他。在是非面前，"爱面子"是妥协的代名词。其次，要懂得吸烟的危害是从一点一滴开始的，不要抱有侥幸心理，自己原谅自己。有的同学说："我就抽这一根能怎么样？""下回不抽了不就行了吗？"请注意，吸烟的人都是从这第一根开始的，有一就有二、有三……这个头千万开不得。

北京市教育局规定："凡是吸烟的中小学生一律不能被评为合格的学生，更不能被评为三好学生。凡有吸烟学生的班级不得被评为市先进班集体。"这一规定，说明党和国家十分关注青少年吸烟的问题，我们自己也要重视起来。当前世界上已有不少发达国家开始禁烟：美国、英国都划定禁烟区；新加坡规定在公共场所不得吸烟。最近美国白宫室内禁止吸烟，日本的火车、汽车中都不准吸烟。北京市人大常委会正式规定从1996年5月15日起，全市公共场所禁烟。为了民族的兴旺发达，为了新世纪国家更加繁荣昌盛，也为我们自己的健康，再来一次禁烟运动吧！

远离毒品

当前还有一些毒品走私犯，把少量的毒品卷进烟卷中，在黑市上销售，引诱一些人上当成瘾，继而兜售他们走私的毒品。对这些阴谋同学们千万要注意，一旦上当就将是终生的悔恨。

饮酒，也是青少年应该回避的。青少年正在发育，内脏器官都很娇嫩，尤其是胃粘膜极易受到酒精的刺激严重时会发生酒精中毒，以致死亡。平时的"喝醉了"，实际上是过量饮酒已经对脑神经产生麻醉作用而中毒的一种表现。酒后闹事、肇事的并不少见，会对他人和社会造成危害，应引以为戒。

那种认为"酒量大才是好汉"、"不会喝酒的没出息"的说法都是错误的。据医生讲，一位老人因年轻时饮酒过度而导致年老时血管破裂而死亡。如果他没有饮酒嗜好，起码可以多活10年。

良好的生活习惯除了起居、饮食习惯外，还有健康的情趣和爱好。每个人的情趣爱好不同，凡是激励人们斗志，调节人们的心理，调整人们生活节奏的情趣爱好就是健康的；使人消极、颓废的情趣爱好是不健康的。例如赌博，有些人沉缅其中以至家破人亡，锒铛入狱，或债台高筑，自杀

仪表礼仪

身亡，没有一个有好结果的。中学生绝对不可以涉足赌博，也不可进入营业性舞厅。

有些爱好本来并不是消极的，但是过于迷恋也会物极必反。比如看电视、玩电子游戏，本可以拓宽视野，增长智慧，但要是迷上了，用过多的时间、过大的精力，就会走向反面，使学习成绩下降，视力下降，甚至头晕眼花，身体不适。因此，即使是健康的业余爱好，也要适度。

二、学习习惯

学习是有规律的，要遵循学习规律，循序渐进，才能学得扎实。经过实践总结的"五段学习法"，就是遵循这一规律的好的学习方法。因此，我们要把这种学习方法变成我们的自觉行为，坚持下去，形成习惯，学习效果将会得到较大改善，学习成绩也会提高。这五段学习法就是：预习、听课、复习、作业、总结。有一位高考"状元"在谈自己的学习方法时说："我很小就有课前预习的习惯，在教师讲课前，大部分内容我已经掌握了，我听课的目的是把自己的思维方法跟老师的比较，找出差距，培养自己的思维能力，同时把没掌握的知识学会。"他的这种习惯，培养了自己的思维能力，

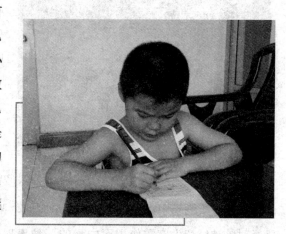

按时做作业

在上了大学以后，成绩仍然一直保持领先地位。认真复习也是非常必要的，学过的知识必须经过反复地强化才能加深理解和记忆，否则就会遗忘。有人曾经用实验证明，对初学的知识一小时遗忘56%，两天遗忘72%，六天以后学过的知识剩下不足25%。可以看出，当天的知识当天复习是最好的巩固方法。哲学家约瑟夫·狄慈根的名言"复习是学习的母亲"，是不无道理的。

做作业，是检查自己的学习效果，加深对知识的理解，培养思维能力

的必要环节。养成独立按时完成作业的好习惯是学好功课必不可少的。同学中抄作业的现象比较普遍，主要是对做作业的目的不够明确，往往是为了应付家长和老师。另外，也有的同学是因为上课不好好听讲，完成作业有一定困难，又缺乏刻苦钻研的精神。还有的是因为贪玩，作业时间不够用。无论什么原因，都是学习目的不够明确，态度不够端正的表现，应当及时纠正。至于个别同学，用钱雇他人写作业，是一种不正当手段，应当坚决反对。

总结，是指学习了一部分比较系统、完整的知识之后，用比较集中的时间把知识系统起来，前后联系，加强对比，理出思路，找出规律，对不同类型的习题进行分析，找出规律性的解题方法。这是提高分析综合能力的必要环节。养成及时总结的好习惯，对提高学习能力大有裨益。

在养成良好的学习习惯的同时，还要注意培养自己追求真理，实事求是的良好品德：不懂就问，不投机取巧；错了就改，不弄虚作假。知识的获得只能靠自己的艰苦努力，没有任何窍门和捷径。知识和本领是无法冒充的，靠抄袭骗取成绩，到头来害的是自己。敬爱的周总理也曾深刻地指出："自以为聪明的人往往是没有好下场的。世界上最聪明的人是最老实的

勤做眼保健操

人，因为只有老实人才能经得起事实和历史的考验。"而考试作弊，就是学习上投机取巧，弄虚作假，自以为聪明的做法。我们要树立老实为荣、作弊为耻的良好风气，培养实事求是的良好品德。

最后强调一下用脑卫生和用眼卫生。用脑卫生一方面要有张有弛，劳逸结合，另一方面是注意发展右脑，使左、右脑互相促进。一般讲人的大脑分为左右两个半球，左半脑主要支配语言、数字分析、概念建立、逻辑推理等活动，右半脑则主要支配视听感觉、绘画、空间想

象、音乐及综合思维等。平常的学习活动主要是依靠左半脑完成的，讲究用脑卫生就是要我们学会用右脑活动、辅助左脑。怎样才能做到发展右脑，促进左脑呢？主要是通过挖掘学科中的美的因素，用美妙动听的音乐，线条明快的图画来辅助教学。对我们自己来讲，要展开思维的翅膀，充分发挥空间想象力，以助理解所学的知识。在学习之余，选择音乐、绘画、小制作等这样的爱好，既能休息左脑，又发展了右脑。这种积极的休息方法对大脑的发展是非常有好处的。

用眼卫生，主要是指我们读书、写字姿势要端正；不在走路或坐车时看书；不在昏暗的灯光下看书；不躺在床上看书等。还要自觉做好眼保健操，保护视力。

容貌的保养与修饰

尽管人的容貌、体型是天生的，很难加以改变，但人的姿态、谈吐、风度等却是可以后天塑造的。如果一个人内心世界很丰富充实，那么，就会在仪表上表现出来，而外形上的缺陷往往会被人忽视。譬如：敬爱的周总理，由于左臂有伤，只能横放在胸前，这本来是一个缺陷，但是，周总理人格的伟大、学识的渊博、情操的高尚，反而使他的这一动作显得很有风度，让人感到可亲可敬，受伤的左臂也成了周总理独有的一种风度的体现。从这个例子可以看出，要想仪表美的根本方法是练"内功"，要提高自己的品德修养。我们学生也是一样，要在提高文化水平、思想道德、身体素质等方面下苦功，才能具有真正的仪表美。

中小学时期正是生命力最旺盛的时期，容貌也是最美丽，不用刻意打扮也是很有魅力的。应当珍惜这段好时光，要爱护容貌，防止两种偏向，一种是不知爱护，一种是过分爱护。

有些同学不知道保护皮肤，不爱清洁，结果是皮肤粗糙，长癣长疙瘩。有了皮肤病也不去治疗，慢慢地毁了自己本来的姣好容貌。

还有些同学过分地爱护，不知往脸上抹点什么好，今天抹这明天抹那，越抹越"高级"越"时髦"，岂不知，很多化妆品含铅量都较高，而同学们年龄小，皮肤嫩，最容易受化妆品的损害。

要保护好自己的容貌，首先脸部要清洁，然后再适当的保养，尤其是冬天要选用刺激性小的护肤用品，保持皮肤不干、不裂、不皱。在这里须特别指出的是，中小学生不要化妆，这是因为：一是一些化妆品会损害皮肤，反而会使皮肤变松，失去弹性，皱纹提早出现；二是化妆损害了中小学生自然美的形象，给人以社会化、成人化的感觉；三是不能反映中小学生的内在美，易给人轻浮、爱慕虚荣的印象。这些都是我们不希望出现的。

头发，也是容貌中一个重要部分，除了清洁整齐以外，能表现中小学生活泼、天真、纯洁的性格的发式是我们提倡的，而显得颓废、流气、匪气的发式是我们应当反对的。过分社会化、成人化的发式，不利于反映中小学生的特点和青春蓬勃的朝气。在《中学生日常行为规范》的规定中明确指出"男生不留长发，女生不烫发"。这一要求对正在学习的学生是很有必要的。烫发也和化妆一样，有损发质、有损学生的形象。另外发型也要适合自己的脸型、身材。总的原则是通过发型纠正脸型的不足，使脸型向椭圆型靠近，以及使身材更匀称，不显得头太大或太小，脖子太长或太短，起到调整的作用。

中小学生一般不应戴项链、戒指、手链、耳环等饰品，因为这与中小学生的身分不相符。这一类饰品常常具有一定的含义。如戴戒指就有许多讲究：戴在右食指上，表示想结婚；戴在中指上表示在恋爱；戴在无名指上，表示已经订婚或结婚；戴在小指上，是告诉人"我是独身的"。手链的戴法也有一定的含义：如戴在右臂上，表示"我是自由的"；戴在两腕或左腕，说明已婚。小小饰品，含义不少，但适合中小学生的几乎没有。所以，如果乱戴，会出笑话。再者，饰物的佩戴还要与服装、鞋帽相搭配，否则会给人俗气或不伦不类的感觉。以朴实无华的自然美为主格调的中小学生，没有必要佩戴饰物。

除了首饰外，帽子、围巾等也应戴正戴好，歪戴帽子，围巾挂在脖子上，或是长长地从外套下露出一截都是失礼的表现。

仪容仪表的清洁

清洁的仪表，得体的修饰，往往影响着工作的效果，不能忽视。心理学上讲的"首因效应"，即人的知觉的第一印象往往形成顽固的心理定势，通常在30秒内形成的第一印象，对后期一切信息将产生指导效应。

清洁是仪容美的关键，是个人礼仪的基本要求，也是当今社会与人交往、取得成功的必要条件。

（1）面容清洁

要求每日早晚洗脸，清除附在面部的污垢、汗渍等不洁之物。正确的洗脸方法有助于保持皮肤的弹性，保持血液循环的良好和新陈代谢的正常运行，因此要注意洗脸的方法。首先用温水先润湿脸部，然后用适当的清洁剂（洗面奶、香皂、洗面膏等），用手由下向上揉搓、打圈。手经过鼻翼两侧至眼眶周围正反打圈，从上额至颧骨至下颌部位反复打圈，由颈部至左、右耳根反复多次。这是借助于光滑的洗面材料而起到对皮肤的按摩作用；再用温水冲净面部的洗面用料；最后用凉水冲洗，令毛孔收缩。为了养护面容，平日多吃水果蔬菜，多喝水，以保持足够的水分，防止皮肤粗糙干燥。要保证足够的睡眠，使面部看上去红润。夏季要及时擦去脸上的汗，不要让其淌在脸上。冬天在外出前要擦好润肤产品，以保护肌肤。

（2）口腔清洁

保持牙齿清洁，要坚持早晚刷牙。常规的牙齿保洁应做到"三个三"，即三顿饭后都要刷牙；每次刷牙的时间不少于三分钟；每次刷牙的时间应在饭后三分钟内。

口腔异味影响交际，必要时可以用口香糖来减少口腔异味。但应指出，在正式场合嚼口香糖是不礼貌的，与人交谈时，也应避免。也可每日早晨起床时空腹饮一杯淡盐水。

（3）查鼻子清洁

在接待客人前，最好检查一下自己的鼻毛是否过长，以免有碍观瞻。如鼻毛过长应用小剪刀剪短，但不要去拔。保持鼻腔的清洁，不要用手去抠鼻孔，尤其是在客人面前，这样既不文雅，又不卫生。

（4）头发清洁

应该养成周期性洗发的习惯，一般每周洗 2～3 次即可。油性头发应该 2 天洗 1 次；干性的头发洗头间隔时间可稍长一些。洗前先将头发梳理通顺，湿润后用洗发用品轻揉，最后冲洗干净。

初秋，往往会出现头皮屑增多、脱发、断发的现象，主要原因是经受一个夏季强烈阳光的辐射，风吹、汗渍等使头发正常生长受到影响。所以在入秋前对头发要精心保养。可补充一些营养护发素等。如发现发尖分岔，就必须及时修剪。在洗发时，洗发剂和肥皂不宜在头发上保留太长时间，因其性质属碱性，对头发会有损害。梳头时，一定要留意上衣和肩背上不应落有头皮屑和脱落的头发。

（5）手的清洁

在交际活动中，手占有重要的位置。接待客人时，我们通常以握手的礼节来表示对客人的欢迎，然后再伸出手递送名片等，客人总是先接触到我们的手，形成第一印象。通过观察手，可以判断出一个人的修养与卫生习惯，甚至对生活的态度。因此，应经常清洗自己的手，修剪指甲。手的清洁与一个人的整体形象密切相连，应当引起足够的重视。但在任何公众的场合修剪指甲，都是不文明、不雅观的举止。

（6）身体清洁

讲究个人卫生，养成良好的卫生习惯，要求身体不能有异味。常常洗澡是必要的，尤其是参加一些正式活动之前一定要洗澡。如果有"狐臭"，应及时治疗，避免在公务交往中引起交往对象的反感。有些人喜欢使用香水，走到哪里香到哪里，这也是不礼貌的，所以在工作中最好不用香水。

应选择适当的发型

发型也是仪容的一个组成部分。中学生的发型，并不强求一律，可以根据自己的脸型和头发的疏密选择发型，或理平头、或留分头、或剪短发、或梳长辫，但总的要求是整齐、简便。整齐是中学生身份的要求，简便是

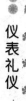

中学生生活节奏的需要。总之，中学生的发型要符合中学生的身份，要能显示出青少年朝气蓬勃的精神面貌。男生不适宜留长发，更不要盲目模仿某一偶像梳理出不适合自己的发型。男生的头发，两侧和后部的发长都不应超过发界。头发过长，不仅与中学生身份不符，也会失去青春美感，如果再缺乏良好的卫生习惯，不常梳理，就更难看了，不如现出青春本色的好。女生不要烫发，这主要因为烫发与中学生身份不符。烫发是成年人的事，中学生在发型上追求成人化，会让人感到很不协调，就更谈不上美观了。再说，花费宝贵的时间和精力去伺候头发，对中学生来说也实在不合算。

在选择发型之前，应该先分析研究一下自己的脸型，有了彻底的了解后，才能选择出最适合自己脸型的发型。一般来讲，需掌握以下几个原则：

选择适当的发型

（1）高额角、低额角。如果你的脸型属高额角，发梢应向下梳，做刘海或波浪，让你的头发遮盖一部分前额；若是低额角，发梢应尽量离开前额往上梳，如果你偏爱刘海，必须要短，决不能低于发线，避免使额头看起来更低。

（2）宽额角、窄额角。宽额角，发梢应从两边向中间梳，用波浪遮掩住太宽的额角。窄额角的正好相反，头发应沿两边向后梳，如果你做了刘海，则发卷切不要让它伸延至太阳穴前。

（3）高颧骨、低颧骨。高颧骨，两鬓的头发往前梳，超过耳线，盖住颧骨，刘海不妨略长些，但不可梳中分式。低颧骨的，两边的头发应往后梳，不要遮耳线，两鬓可以做发卷，以中间分开更好。

（4）大鼻子、小鼻子。大鼻子，头发应梳高或向后梳，避免中分，因为中分会使你鼻子显得更大，最好不要蓄刘海。小鼻子的，头发绝不要往上梳，应让刘海下垂，遮住发线，但刘海不可留得过长。

（5）突下巴、缩下巴。突下巴，两边及额前的头发都应该向上梳。让发线显露出来，脑后微微往上梳。缩下巴的，额前和两鬓的头发，都应向前梳，宜盖刘海和波浪，脑后头发要低而丰满。

（6）粗短颈子、细长颈子。粗短颈子的头发四面向上梳，应蓄短发，永远不要让头发遮盖发线。细长颈子，头发要向后梳，避免选择较短的发式。

1. 发质与发型

各人的发质不一，不同的发质适合不同的发型。当女性选中了适合自己发质的发型以后，就可以配合理发师把自己的头发打扮得更美丽。

（1）自然的卷发。

自然卷曲的头发，只要能利用自然的卷发，就能做出各种漂亮的发型。这种发质如果将头发减短，卷曲度就不太明显，而留长发才能显示出其自然的卷曲美。

（2）服贴的头发。

这种发质的特点是头发不多不少，非常服贴，只要能巧妙修剪，就能使发根的线条以极美的形态表现出来。这种发质的人，最好将头发剪短，前面和旁边的头发，可以按自己的爱好梳理，而后面则一定要用能显示出发根线条美的设计，才是理想的发型。修剪时，最好能将发根稍微打薄一点，使颈部若隐若现，这样能给人以清新明媚之感。

（3）细少的头发。

这种发质的人应该留长发，将其梳成发髻才是最理想的，因为这样不但梳起来容易，同时也能比较持久。如果梳在头顶上，适合正式场合；梳在脑后，是家居式；而梳在后颈上时，则显得高贵典雅。

（4）直硬的头发。

这种发质不太服贴，要想做出各种各样的发型是不容易的。因而，在做发型以前，最好能用油性烫发剂将头发稍微烫一下，使头发略带波浪而显蓬松。由于这种头发很容易修剪得整齐，所以设计发型时最好以修剪技巧为主，同时尽量避免复杂的花样，做出比较简单而且高雅大方的发型来。发量少而发质硬的，最适宜选择具有飘动感的大波浪形的发型，这样既能增加头发的丰满感，又能消除粗硬感；发量多而发质硬的，则应在做发型前削薄发际处的头发，然后用较大的发卷做发型。如果不加处理就做发型，会使头部因过多的卷曲而显得头重脚轻。

2. 发型与体型

（1）高瘦型。这种体型的人容易给人细长、单薄、头部小的感觉。要弥补这些不足，发型要求生动饱满，避免将头发梳得紧贴头皮，或将头发搞得过分蓬松，造成头重脚轻。一般来说，高瘦身材的人比较适宜于留长发、直发。应避免将头发削剪得太短薄，或高盘于头顶上。头发长至下巴与锁骨之间较理想，且要使头发显得厚实、有分量。

（2）矮小型。个子矮小的人给人一种小巧玲珑的感觉，在发型选择上要与此特点相适应。发型应以秀气、精致为主，避免粗犷、蓬松，否则会使头部与整个形体的比例失调，给人产生大头小身体的感觉。身材矮小者也不适宜留长发，因为长发会使头显得大，破坏人体比例的协调。烫发时应将花式、块面做得小巧、精致一些。若盘头也可让人产生身材增高的错觉。

（3）高大型。该体型给人一种力量美，但对女性来说，缺少苗条、纤细的美感。为适当减弱这种高大感，发式上应以大方、简洁为好。一般以直发为好，或者是大波浪卷发。头发不要太蓬松。总的原则是简洁、明快、线条流畅。

（4）矮胖型。矮胖者显得健康，要利用这一点造成一种有生气的健康美。譬如选择运动式发型。此外应考虑弥补缺陷。矮胖者一般脖子显短，因此不要留披肩长发，尽可能让头发向高度发展，显露脖子以增加身体高度感。头发应避免过于蓬松或过宽。

3. 气质与发型

好的发型不仅要讲究与脸型、体型的和谐，更要讲究与内在气质的一致，因为青年人的美容美发的最终目的都在于充分表现出自己的气质之美。一般来说，开朗、潇洒的性格，可选择长发波浪式；活泼天真的可选用童发式；温柔文静的可选用曲直长发为好；豪爽粗犷的，选用各种式样的短发会充分表现出撩人的野性美。当然也可以在保持气质的基调上选用一种别具风格的发式，使文静的添一点朝气，活泼的添一丝含蓄，豪迈的增一抹温柔，冷峻的增一份热情。

4. 自制简易发型

（1）自然式：此发型是生活中常用的形式。其根据个人自然发质和头发长度，以及性格气质设计而成，一般洗完头后，先按头发的长度自然梳理整齐，然后按个人的脸型特征，用吹风机和发梳边吹边往后梳，两侧稍收紧些使之平服，当中松紧适度，然后擦些护发用品即可。长发女士于脑后抓髻、扎束或自然披下均可。平时因卧床等原因使头发出现不平服，可用热毛巾稍揞，使之回原，然后喷点定型胶即可。

（2）瀑布式：头发洗好后用毛巾擦干，然后用电吹风吹，自发根至发梢吹去四五成水分，用卷发筒根据头发流向进行排卷，待头发干后拆去卷发筒，擦上非油性护发品，头发成型后喷上定型水。其效果为下垂的长波浪。

晚间临睡前把头发梳通梳顺，第二天起床后再用粗齿梳进行梳理，使头发恢复自然形状，刘海与鬓角处稍喷定型水即可。

（3）凤凰式：总体造型是前面和两翼的头发略短，以超出发际 2 ~ 3 厘米为宜；后边的头发自然下垂，近发梢约 5 ~ 7 厘米处开始卷曲。操作方法为：洗完头后，擦干头发，将刘海及两边的头发适当剪短，用鬃刷向内翻卷后吹风造型。后面的头发以粗齿梳梳通后，上半部分边梳直边吹干，下半部分分层用头发卷筒卷好后自然晾干。成型后喷以定型水。

（4）卷曲式：此发型适合各种年龄者饰用。一般先在理发店将头发烫好，然后自己将刘海用滚刷和电吹风按照适合自己前额的发式，边梳边吹塑造出来，亦可使用卷发筒根据前面头发的流向来排列制作。两侧及后面的头发上喷些水，然后以原烫好的发卷为基础，按照个人的需要或边梳边吹拉长些，或改变一点卷曲走势，随后定型即可。

（5）秀丽式：洗完头后将头发擦干，修剪时上方额前的头发应有些层次，后方剪成重叠型层次，头发长度要保持均衡。然后用卷发筒逐层卷向后部，额前和顶部用扁圈盘做。吹干后除去发筒，用电吹风和发刷配合，边吹边刷，拉刷成有一定层次的椭圆发型，发梢朝里卷，额前刘海向一边倾斜弯卷即可。

（6）轻盈式：将头发洗好擦干，分层次把头发剪成 3~4 厘米长，两侧颧骨部位的头发可稍长些，鬓角则可略短些。用吹风机和发刷配合，在额前至头顶开缝，把额前发梢向左边自然往上吹成丝纹流向，两侧吹成柔松效果，后颈吹成紧贴颈部。喷以定型水即成。

使用电吹风时，应先将头发上的水分擦干，吹的时间要适度。吹风时，吹风机一定要距头发 20~25 厘米以上，多吹发根，不要直接吹头皮，更不要将头发吹得枯干，否则会使头发失去水分及油脂，容易变黄，起静电，发型也不易保持。

定型时，应把发乳、发胶之类的美发用品均匀地打在头发上，待头发湿润后，再一手拿着电吹风吹热风或冷风，一手用胶木绝缘梳梳发，吹成自己喜爱的发型样式。吹风定型的顺序是：先吹头顶后脑部位，再吹轮廓边缘部位，最后是前花纹定型。吹风时，一定要顺着发丝走向，不可逆吹，否则，头发会起毛或发翘。

5. 发饰

经过修饰之后的头发，必须以庄重、简约、典雅、大方为其主导风格。不管为自己选定了何种发型，在工作岗位上都绝对不允许在头发上滥加装饰之物。在一般情况下，不宜使用彩色发胶、发膏。男士不宜使用任何发饰。女士在有必要使用发卡、发绳、发带或发箍时，应使之朴实无华。其色彩宜为蓝、灰、棕、黑，并且不带任何花饰。绝不要在工作岗位上佩带彩色、艳色或带有卡通、动物、花卉图案的发饰。如果不是要与制服配套，在工作岗位上是不允许戴各种意在装饰的帽子，如贝雷帽、公主帽、学士帽、棒球帽、发卡帽或是用以装饰的裹头巾，戴在正在上班的人士头上，都是很不协调、很不相称的。

选择与你脸形相配的眼镜

在选择眼镜之前应该多了解一些这方面的知识，因为一副漂亮合适的眼镜不仅使用方便，而且可以为你的容貌增光添彩。精心选择的眼镜能够让你即使穿着 T 恤衫和牛仔裤也照"酷"不误。

选择眼镜本身其实是一门正正经经的科学。虽然镜架的样式完全取决于你个人的性格和品位，但是你必须遵循一个关键原则——合适的瞳距，即镜架的宽度应该与两个瞳孔之间的距离比例相当。戴上眼镜后，瞳孔应该尽可能对着眼镜框和镜片的中心。

选择合适的形状：

脸形决定着合适的镜架的形状。仔细观察你的脸部，看看何处比较高，何处又比较平。选择镜架时，你应该根据面部的情况反其道而行之。例如，脸很圆的人可能就不适合再戴圆形的眼镜。不过，各种式样的镜架你都不妨试戴一下，也许你可以从中找到令你惊喜的一款。

可以同时准备几副眼镜：

许多人现在都有眼镜"储备"。比如，你可以有两副眼镜，一副日常使用，款式应该比较低调传统；另一副在聚会或周末时使用，可以想多酷就多酷。比较保守的款式是形状与你脸形相配的细而明亮的金属边镜架。专为让你招摇一下的那副，可以选择扁扁的塑料框架，或者造型奇特、闪闪发亮的上光金属镜架。

镜架的颜色：

镜架的颜色相对比较随意，不一定非要与衣服饰物等相配，关键在于它能够为你的眼睛和面部增色。可以选择与你的自然肤色协调的颜色，也可以是与头发的颜色或者眼睛的颜色相配的任何一种色彩，主要看你想强调哪一部分。比较低调的选择，可以是古旧的银色或金色抛光金属架，也可以是龟甲色（深棕色）或黑色的发亮细边塑料架。

在颜色上的另一个选择是采用碾压技术制成的镜架。这种镜架是将几层极薄的塑料叠加在一起切割而成的，可以看到不同层次的色彩。流行的色彩组合有黑色和龟甲色组合，还有蓝色、黄色和绿色组合。后者从正面可以看到一圈圈微弱的黄色光晕。碾压镜架有趣的纹理可以让你显出一种精灵的感觉。

镜片的颜色：

不仅仅是镜架才有选择颜色的问题，镜片也可以选择颜色。最热门的选择是稍稍带一些色彩的镜片，这种镜片不会太引人注意，在室内使用也很舒适，而且可以为你增添一点点神秘感。龟甲色镜架配极浅的琥珀色镜片，金属镜架包着带有一丝灰色、浅紫色或者淡绿色的镜片，都是很好的搭配。颜色的搭配组合有多种，我们的选择也有多种多样，完全取决于你个人的喜好。

眼镜的磨损：

如果你是一个离不开眼镜的人，你当然不希望眼镜框残破不全。因此，许多人选择钛金材料的镜架。这是最轻便又是最结实的金属材料。你也许需要每隔几年重新配一次眼镜，这时如果镜架仍然结实（并且没有太过时），你大可以只配一副新镜片了事。

注意事项：

千万不要选择比你的脑袋还要大的眼镜。虽然飞行员的大太阳镜确实够狂，但这种款式绝对不适合用在普通眼镜上。不要让自己太扎眼。

朋友的意见有时会受某些既成观点的左右，或者带有过多的自我成分，就像要买眼镜的是他而不是你。选择眼镜时应该充分根据自己的喜好来选择。

要保持健美的身材

健全的体格，强壮的体魄，再加上匀称的体态，就是健美的身材。中学生正处在身体发育阶段，要使自己的身材健美，一定要注意以下几点：

（1）经常参加体育锻炼，科学地锻炼身体。生命在于运动，经常参加体育活动，能促进身体的正常发育。每天的课间操要认真做，动作到位，这样才能达到活动筋骨、消除

勤锻炼

36

疲劳的理想效果；认真上好体育课，按体育教材的要求，学习锻炼身体的科学方法；积极参加体育活动，参加多种体育锻炼，使身体各个部分都能匀称地发育。科学地锻炼身体，对中学生尤其重要。有的同学在身体发育阶段就急于拥有发达的肌肉而过早地进行力量型锻炼，结果还影响了身体发育；有的同学锻炼不得法、不适度，也给身体发育留下遗憾。中学生进行体育锻炼，应在体育老师的指导下进行。

（2）注意营养，保证睡眠。科学的营养配餐，对于正在长身体的中学生十分重要。配餐不科学，饮食无节制或挑食，是造成中学生中"豆芽型"和"肥胖型"身材的主要原因。体型较胖的女生，不应盲目采用节食的方法"减肥"，而应在保证营养的前提下，通过科学的锻炼获得健美的身材。生活有规律，保证充足的睡眠，也是中学生身体健康发育的一个重要条件。

（3）要注意影响身材的非遗传因素。缺钙的应补钙，缺碘的应补碘，如缺少维生素以及各种人体所必需的微量元素，就要设法补足。有臀肌挛缩等后天疾病的，也应及时手术治疗。

穿戴礼仪

穿戴，即穿着和佩戴。

1. 穿着的衣裤鞋袜，应以合体、整洁、朴素、得体为佳。

合体，即衣着规格要适合各自人体的高矮胖瘦。衣着不合体，自己不方便、不舒服，别人看起来也会觉得别扭。中学生的衣着，适当宽松一点较为适宜，面料最好选择弹性强一点的。

整洁，即穿着要规整、清洁。衣领要翻好，衣扣要扣齐，腰带、鞋带要系好。衣服要常换洗，特别

合适的穿戴

要注意衣领、袖口处不要出现污迹。若衣冠不整，满身污垢，不仅自己不体面，也是对别人不尊重的表现。

朴素，即穿着要俭朴、素雅。重视穿着的护身、保暖功能，淡化穿着的装饰功能。不追求时髦，只要求美观大方；不追求艳丽，只要求色彩协调；不追求高档华贵，只要求能体现出青少年朝气蓬勃的精神风貌。

得体，不只是指衣着要符合中学生的身份、年龄、身材和性格，更重要的是指着装要看场合。在家穿着可随意些，节假日外出穿着可活泼些，在校则必须着装规整。现在提倡中学生穿校服，有条件的学校应根据中学生穿着的原则制作统一的校服。在学校举行典礼、升旗仪式以及大型集会时，最好能着统一校服。

中学生穿鞋，应以球鞋、布鞋、旅游鞋为主，也可以穿皮鞋，但女生的皮鞋后跟不应高过3厘米，因为无论从身体发育，还是从学生身份来说，高跟鞋对中学生都是不合适的。

2. 佩戴防护用品、标志和饰物，应符合礼仪规范。

佩戴，既包括帽子、头巾、围巾、手套、墨镜等各种防护用品，又包括校徽、红领巾、少先队队长臂章、团徽等各种标志，还包括各种装饰物。

帽子、头巾、围巾、手套等用品的选用，应根据衣着情况而定，主要要求是无论色彩还是样式都要协调，不能给人以不伦不类的感觉。这些物品的主要作用是御寒，因此在室内不应再戴帽子、头巾、围巾和手套。即使是在较强的阳光下，中学生一般也不需戴墨镜，特别是在室内或礼节性场合，就更不应戴墨镜。

标志的佩戴应严肃。红领巾系法要正确。少先队队长标志应佩戴在左上臂，校徽应别在左胸前，队徽、团徽别在校徽上方。荣获过各种奖章、纪念章的，在必要时也可别在胸前适当的位置。

服饰美的基本要求

服装不仅是布料、颜色和缝线的组合，更是一种社会工具，它向社会中的其他成员传达一种信息——彰显出你的工作能力、工作作风、敬业精神、生活态度。在商务交往中，成功的着装，更增添了个人的道德魅力、审美魅力、知识魅力及行为规范的魅力，无形中为在交往中协调人际关系、提高工作效率、增加职位升迁的机会，起到良好的作用。

莎士比亚说过："服装往往可以表现人格。"服饰是人的形体的外延，对形体美起着修饰作用。整洁、雅致、和谐、恰如其分的服饰可以表现人的自尊，而不得体的服饰却使人失去人格和自尊。服饰是一种形体语言，穿着什么服饰参加什么活动，表明自己的人格和自尊，同时也表现出对参加活动的其他人的态度。

对于衣服的穿着者，在装扮过程中先要考虑满足使用条件和社会条件，然后再考虑选择满足自己较深层次的精神需求的服饰。这时衣服的穿着使用功能要和通过穿着而产生的形象，通过穿着所表现的内心情感结合起来。一般认为，端庄、典雅、大方是服饰美的基本要求。

服饰美是一种形式美，它应该是材料的线、形、色、光、质等外形因素和运用材料的各种因素按一定的规律组合起来，形成衣服外观形式的美。这种美通过人们的感官感知，给人以美感。实现服饰美的法则应该是多样统一、平衡对称、比例和谐等。所以，在选择服饰实现服饰美时，应该做到四个"协调"：

（1）服饰与周围环境的协调。环境是指人与人之间交往过程中形成的社会环境，不同场合人们的穿戴应有所不同。

（2）服饰与自己身份的协调。

（3）服饰与节气协调。

（4）服饰与自己的身材相协调。

健美的身体是服饰美的基础，好的体型、优美的线条才能把衣服的美表现出来。服饰美还必须通过运动展示出来，人们穿着衣服参加各种社会活动，此时服饰才有生命。在活动中人们优美的姿态和动作成为服饰的灵魂。

服饰对人的形体美起修饰作用，这种作用是通过形式美的法则来实现的。服饰的修饰作用可以通过改变颜色，影响人体型的变化，达到美的效果。如浅色可使人感觉分散，起到扩大面积的作用，给人以丰满感，瘦体型者宜穿着浅色服装；深色可使人感觉集中，起到缩小面积的作用，给人以窄小感，胖体型者宜着深色服装。服装的修饰作用也可以通过线条图案的改变，使人的体型产生微妙的变化。横线条图案给人以矮胖的错觉；直线条图案可让人产生高瘦的错觉；斜线和曲线图案可以表现女性的线条，给人以圆润、温柔、和谐之感；直线条的图案可以表现男子的精神、力量、阳刚之美。服饰的装饰作用还可以通过形状款式的改变，影响人体变化，弥补人体比例的不匀称，达到接近比例美甚至完美的目的。

服装的穿着原则

仪表礼仪是最基本的礼仪。一谈到仪表，人们马上就会想到长相。长相是重要的，但仪表美并不仅仅取决于先天的长相，关键是后天的教养中逐步形成的，人们常说的"三分容貌，七分打扮"是很有道理的。先天姿容不佳的人，只要重视自身形象，注意适当的修饰，同样能显示出独特的风采。相反，具有天姿国色，如不注意仪表的恰当修饰，也会逊色三分。所以，我们要加强礼仪修养，学会修饰自己，通过扬长避短，把自己最美好的形象展现出来。

仪表是指人们的外表，包括容貌、打扮、举止和气质，仪表美就是这四个方面的协调统一。具体来说，容貌是指五官端正、体格健美、身体各部位比例协调、线条优美协调；打扮是指经过修饰或后天影响形成的个性特征；举止是指淳朴高尚的内心世界在举手投足间的表现；气质是指在待人接物、为人处事中，反映生命活力的性格、情操等特征的自然流露。仪表不仅是指人的物质躯体的外壳，而且与一个人的道德修养、文化水平、审美情趣、文明程度有着密切的联系。

人们要表现出良好的仪表礼仪，首先应掌握服装的穿着原则。

1. 着装的"TPO"。"TPO"是英文"Time"（时间）、"Place"（地点）、"Occasion"（场合）三个单词的缩写。"TPO"是国际上通用的着装原则，是指人们的穿着打扮要兼顾时间、地点、场合并与之相适应。

第一，与时间相适应。在西方，男子白天不能穿小礼服（也称晚礼服），夜晚不能穿晨礼服（也称常礼服）；女子日落前不应该穿过于裸露的服装。

第二，与地点相适应。这是指要考虑不同国家、不同地区所处的地理位置、自然条件以及生活习惯等。

第三，与社交场合相适应。这主要指上班、社交、休闲三大场合。上班着装要整洁、大方、庄重、高雅；社交着装要时髦、流行、潇洒别致，或华贵典雅；休闲着装要舒适宽松、自在得体。

2. 着装的"四协调"原则

衣着是人们审美的一个重要方面，整洁、挺括、大方、美观的服饰有一种无形的魅力。服饰美在很大程度上取决于四个协调，即与自己的职业身份、年龄性别、形体条件、所处的特定场合相协调。这"四协调"是我国通常遵循的着装原则，它能产生着装的和谐、得体的整体效果。

第一，穿着要与身份相协调。如教师职业，为人师表，穿着打扮要整洁、大方、高雅；学生的仪表应大方整洁，符合学生身份，体现学生精神风貌和时代风尚。学生穿过于暴露的服装会给人以轻浮之感。

第二，穿着要与年龄性别相协调。不同年龄的人有不同的穿着要求。一套深色的职业装，穿在职业女性身上会显得成熟和稳重，穿在青少年身上就会显得老气横秋。少女穿短裙会显得朝气蓬勃、热情奔放。

第三，穿着要与形体条件相协调。不同的人，体型有胖瘦，身材有高矮，肤色有深浅，穿着应因人而异，扬长避短。如瘦者穿横条衣服可以显得丰满一些；而肥胖者直接穿直条衣服可以显得清秀一点。同样，肤色较深的人穿浅色服装，会获得健美的视觉效果；肤色较白的人穿深色服装，更能显出皮肤的细洁白嫩。

第四、穿着要与所处场合相协调。在喜庆场合不能穿得古板；在庄重场合不能穿得随随便便；在悲伤场合不能穿得艳丽；平日居家穿着可以随意、自在。

着装必须兼顾的五个方面

着装，即指服装的穿着。严格地说，它既是一门技巧，更是一门艺术。

站在礼仪的角度上来看，着装是一门系统工程，它不单指穿衣戴帽，更是由此而折射出的人的教养与品位。

从本质上讲，着装与穿衣并非是一回事。穿衣，往往所看重的是服装的实用性，它仅仅是马马虎虎地将服装穿在身上遮羞、蔽体、御寒或防暑而已，而无须考虑其他。着装则大不相同，着装实际上是一个人基于自身的阅历、修养或审美品位，在对服装搭配技巧、流行时尚、所处场合、自身特点进行综

合适的着装

合考虑的基础上，在力所能及的前提下，对服装所进行的精心选择、搭配和组合。在各种正式场合，不注意个人着装者往往会遭人非议，而注意个人着装的人则会给他人以良好的印象。

依照社交礼仪，着装要赢得成功，进而做到品位超群，就必须兼顾其个体性、整体性、整洁性、文明性、技巧性五个方面，一点都不能偏废。

1. 个体性

正如世间每一片树叶都不会完全相同一样，每一个人都具有自己的个性。在着装时，既要认同共性，又绝不能因此而泯灭自己的个性。着装要坚持个体性，具体来讲有两层含义：第一，是着装应当照顾自身的特点，要"量体裁衣"，使之适应自身，并扬长避短。第二，着装应创造并保持自己所独有的风格，在允许的前提下，着装在某些方面应当与众不同。切勿穷追时髦，随波逐流，使个人着装千人一面，毫无特色可言。

2. 整体性

正确的着装，应当基于统筹的考虑和精心的搭配。其各个部分不仅要"自成一体"，而且要相互呼应、配合，在整体上尽可能地显得完美、和谐。若是着装的各个部分之间缺乏联系，"各自为政"，哪怕它再完美也毫无意

义。着装要坚持整体性，重点是要注意两个方面。其一，是要恪守服装本身约定俗成的搭配。例如，穿西装时，应配皮鞋，而不能穿布鞋、凉鞋、拖鞋、运动鞋。其二，是要使服装各个部分相互适应，局部服从于整体，力求展现着装的整体之美、全局之美。

3. 整洁性

在任何情况之下，人们的着装都要力求整洁，避免肮脏或邋遢。着装坚持整洁性，应体现于下述四个方面：首先，着装应当整齐，不要又折又皱，不熨不烫。其次，着装应当完好，不应又残又破，乱打补丁。至于成心自残的"乞丐装"，在正式场合亦应禁穿。再次，着装应当干净，不能又脏又臭，令人生厌。以任何理由搪塞应付而穿脏衣，都没有道理。最后，着装应当卫生、对于各类服装，都要勤于换洗，不允许存在明显的污渍、油迹、汗味与体臭。

4. 文明性

穿着服装，是人与兽的一大区别。在日常生活里，不仅要做到会穿衣戴帽，而且要努力做到文明着装。着装的文明性，主要是要求着装文明大方，符合社会的道德传统和常规做法。它的具体要求，一是要忌穿过露的服装。在正式场合，忌穿袒胸露背，暴露大腿、脚部和腋窝的服装。在大庭广众之前打赤膊，则更在禁止之列。二是要忌穿过透的服装。倘若使衣、内裤"透视"在外，令人一目了然，昭然若揭，当然有失检点。若不穿内衣、内裤，则更要禁止。三是要忌穿过短的服装。不要为了标新立异，而穿着小一号的服装。更不要在正式场合穿短裤、小背心、超短裙这类过短的服装。否则不仅会使自己行动不便，频频"走光"、"亮相"，而且也失敬于人，使他人多有不便。四是要忌穿过紧的服装。不要为了展示自己的线条而有意选择过于紧身的服装，把自己打扮得像"性感女郎"，更不要不修边幅，使自己内衣、内裤的轮廓在过紧的服装下隐隐约约。

5. 技巧性

不同的服装，有不同的搭配和约定俗成的穿法。例如，穿单排扣西装上衣时，两粒钮扣的要系上面一粒，三粒钮扣的要系中间一粒或是上面两粒。女士穿裙子时，所穿丝袜的袜口应被裙子下摆所遮掩，而不宜露于裙

摆之外。穿西装不打领带时，内穿的衬衫应当不系领扣，等等。这些，都属于着装的技巧。着装的技巧性，主要是要求在着装时要依照其穿法而行，要学会穿法，遵守穿法。不可以不知，也不可以另搞一套，贻笑大方。

服装色彩的审美特征

人们挑选服装首先注意的就是服装的色彩，色彩是服装美的"灵魂"。搭配奇妙的色彩会令你的服装"先声夺人"，因而从某种意义上可以说色彩对于服装美比款式更为重要。

对于服装来说，天下没有不美的色彩，只有不美的搭配。搭配得好，就和谐、美丽，给人以耳目一新的感觉。

要想达到美的配色，首先就要了解几种基本色彩的性质及特征。

红，是火的色彩，容易唤起兴奋、热烈的情绪反映，进而也有华丽、喧闹的感觉，与白、橙、黑相配，鲜艳协调。

黄，使人联想到阳光和温暖，明亮而高贵，是中国古代皇帝的专用色，若与橙相配，形象鲜明，与白相配，有娇嫩、活泼之感。

五颜六色的服饰

绿，充满青春活力的色彩，是生命之色，与热情的红相配，具有浪漫与青春的气息，但过火则显粗俗，与白色相配，清雅迷人。

蓝，冷静、稳重，是一种较难搭配的颜色，可与白、粉红、黄相配。

紫，象征权力、高贵的颜色，又是代表懦弱与病态的颜色，是一种极不易搭配的颜色，可与白、灰色相配。

黑，能吸收一切颜色，是一种消极色彩，可表现高贵、沉着的自然力，也可表现气馁与情感的压抑。

灰，是一种随和的色彩，可以与任何色彩搭配。

白，一种纯洁、高雅、神圣、真诚的色彩，肤色白的人穿此种颜色更增淡雅、纯情之美，但它又是一种极娇贵的颜色，它极容易突出你的缺点，对于肤色体态不大理想的人难以穿出好效果。

如上所述，每种色彩都有其各自不同的特征，只有懂得了其基本原理，才能搭配出鲜明、和谐、悦目的色彩。

着装的配色原则

服装给人的第一印象是色彩。人们经常根据配色的优劣来决定对服装的取舍，来评价穿着者的文化艺术修养。所以服装配色，是衣着美的重要一环。

服装色彩搭配得当，可使人显得端庄优雅、风姿绰约；搭配不当，则使人显得不伦不类、俗不可耐。要巧妙地利用服装色彩神奇的魔力，得体地打扮自己，就要掌握服装配色的基本原理。

服装色彩的搭配，一般来说，有三种方法。

1. 同种色相配

这是一种简而易行的配色方法。即把同一色相、明度接近的色彩搭配起来。如深红与浅红、深绿与浅绿、深灰与浅灰等。这样搭配的上下衣，可以产生一种和谐、自然的色彩美。

2. 邻近色相配

把色谱上相近的色彩搭配起来，易收到调和的效果。如红与黄、橙与黄、蓝与绿等色的配合。这样搭配时，两个颜色的明度与纯度最好错开。例如用深一点的蓝和浅一点的绿相配或中橙和淡黄相配，都能显出调和中的变化，起到一定的对比作用。

3. 主色调相配

以一种主色调为基础色，再配上一两种或几种次要色，使整个服饰的色彩主次分明、相得益彰。这是常用的配色方法。采用这种配色方法需要注意：用色不要太繁杂、零乱，尽量少用、巧用。一般来说，男性服装不易有过多的颜色变化，以不超过三种颜色为好。女性常用的各种花型面料，色彩也不要过于堆砌，色彩过多，显得太浮艳、俗气。

不同色彩相配，常采用对比手法。在不同色彩中，红与绿、黄与紫、蓝与橙、白与黑都是对比色。对比的色彩，既有互相对抗的一面，又有互相依存的一面，在吸引人或刺激人的视觉感官的同时，产生出强烈的审美效果。

因此，鲜艳的色彩对比，也能给人和谐的感觉。如红色与绿色是强烈的对比色，配搭不当，就会显得过于醒目、艳丽。若在红与绿衣裙间适当添一点白色、黑色或含灰色的饰物，使对比逐渐过渡，就能取得协调的效果；或者红、绿双方都加以白色，使之成为浅红与浅绿，看起来就不那么刺眼了。

下面几点需要特别注意：

（1）服装配色要因人而异。

首先，服装配色要与年龄、体型相协调。不同年龄的人，在穿着打扮上应各有特点。青年人朝气蓬勃、风华正茂，在服饰上应穿出自己的色彩，并突出青春美。一般来讲，服装用色应力求明快、鲜艳，宜选择彩度较纯的黄色、绿色以及海蓝、银灰、雪青、洋红等色。

身材矮胖的同学，不要穿色彩对比强烈的上下装及横条纹或大方格衣服，而应采用单色、明度对比不大的调和色。瘦长苗条的姑娘宜穿红色、黄、橙等暖色服装，因为明亮的暖色可使人显得丰满。身材高大的女同学，服装不宜采用大面积的鲜艳色彩，不宜穿上下一色的套装，要以一个基本色调为主，加以适当的色彩点缀，不宜穿竖条纹的衣服。

（2）服装配色要与肤色相协调。

肤色白皙的人，在服色的选择上受限制较少，宜选择的颜色范围较大，不论穿浅色衣服还是深色衣服都较为适宜，穿上浅色衣服显得莹洁、柔和、素雅；穿上深色服装则与白皙的皮肤形成对比，会使肤色显得更白净。肤色较黑的人，一般不适宜穿黑色服装及素雅的冷色调和深暗色调的服装，如墨绿、绛紫、深棕、深蓝等色。因为穿着深色衣服，会显得黑粗、老相。应选用色彩浓艳的亮色，如橙色、明黄色等，可衬托出黝黑肌肤富有健美感，或选用海蓝、翠绿、玫红、米色等浅色调的服装，可增添明朗感。肤色偏黄的人，不宜选择柠檬黄、白色、黑绿色、黑色及深灰色等，以避免脸色更焦黄，增加"病态"感，应该穿红色、粉红、米色或棕色服装。

服装与体型的巧妙搭配

人的形体各有长短，天生完美无缺的人，现实中是难以寻觅的。一个人体型上或多或少的缺憾，完全可以通过巧妙的穿着打扮而扬其所长、避其所短。

（1）体型较胖的人，服装款式要力求简洁、朴实。衣服要宽紧适度，不宜穿过分紧身的服装。裤的长度应略长一些。鞋和袜最好与衣服同色。宜穿上下同色的深色套服。女性不宜穿连衣裙。形体瘦的人，应尽量减少露在外面的部分，穿长袖衬衫、长裤、长袖立领的连衫裙都较合适。女士应在胸前做些点缀或打些褶。穿褶裙、喇叭裙也较合适。

（2）肩部过宽的女性，不宜穿挑檐式肩袖的服装，应选择肩部款式平缓的服装，再配以 V 字型领，可使肩部显得窄一些。窄肩体型的女性，适合穿浅色一字领上装。溜肩的女性可选用全垫肩的款式以增加肩部的高度与宽度，挺括的西装和挑檐式肩袖的服装，都是较为理想的款式。

（3）胸部扁平的女性，宜穿胸前加皱、胸前有兜的 T 恤衫，或短外套配蝴蝶结 T 恤衫，都有助于增添女性的魅力。

（4）腰粗的人，应选肩部较宽的衣服，以产生肩宽腰细的效果。不要穿紧身裤，衣服应略为宽大而柔软些，行走时衣服形成自然的褶皱，曲折多姿，能产生一定的优美感。

（5）腿较短的人，可以选择上衣较短，裤稍长的服装。腿较粗的人，宜穿上下同宽的深色直筒裤、过膝的直筒裙，不宜穿过紧的裤、太短的裙。

服装如何与气质相协调

着装不仅要考虑服装的因素，考虑到与周围环境的协调，还必须考虑

到每个人的个性气质。只有与自身气质协调的服装，才是有灵魂的、有生机的活的服装。个性气质与服装本身所具备的"气韵"相配合才能完整地构成服装之美。

着装者个性是千差万别的，有开朗、热情、潇洒、文静、抑郁、冷峻之分，服装由于款式与色彩的变化，本身也有各自不同的"个性"。如暖色调的开朗、温柔、活泼；冷色调的严肃、抑郁、深沉。款式上有的活泼多变（线条活泼多变、式样别致多姿），有的单调古板（线条端直少变、节奏感弱）。因而在挑选服装时，要保证个性气质与服装气质两种"性格"的协调统一。

性格气质活泼好动的，可挑选色彩明亮、线条跳跃多变的服装，以充分显示青春活力。性格温柔儒雅的，可挑选色彩淡雅、线条柔和的衣服，就将更加秀美动人。假如你拥有冷峻理智型的气质，不妨选用深色调精干、简洁的服装，避免拖泥带水、装饰复杂的服装，这样能愈发显出自己的精神抖擞、干练过人。性格孤僻之人，穿得花枝招展显然是不协调的，挑一件素淡简单的服装比较合适。当然，为了缓和某种性格极端，也需要采用一种对比手法，但这也是统一中的变化，是为了丰富协调的感受而不是破坏协调。比如理智文静性格的

服饰与性格

人，为了适当地给人以开朗感与亲切感，可以在冷静柔和色彩的气氛中，适当增加明亮的服装。

不同的季节应选择穿着适宜的服装。一般说来，寒冷的冬季，宜穿深色的服装，如咖啡色、褐色、黑灰、炭蓝等凝重的色彩，这样才显得和整

个环境相协调。但是由于冬季自然环境比较灰暗、单调，穿着一些大红、大绿、亮黄以及块状图案的呢子、羽绒服，既可达到了保暖效果，又给灰暗的冬季世界增添了一些春意。

但注意冬季尽量不要穿浅色调的衣服，尤其是下身服装的色调不宜过浅，因为色调过浅的衣服给人平添一股寒意。

冬季服装的面料要选择厚重的，款式亦要求简洁大方，不宜过于繁杂。大方美观的呢子服装、轻盈温暖的羽绒服、潇洒干练的各式皮装以及各种色泽鲜亮温馨如春的羊毛外套，这些都是冬季服装的良好选择。

夏季，气候炎热，服装的选择首先要考虑到色调素净、淡雅，也可以浅色衣配深色裤，给人以清爽之感。衣料的选择，要以轻柔、便于洗涤以及透气性好为前提，柔软飘逸而且透气的丝绸织品以及各类网眼针织品都是夏季服装的得宠面料。

夏季是充分展示形体魅力的季节，因而夏季的服装在款式上要求特别的讲究。

春天是百花争妍的季节，服装也要绚丽多彩，颜色式样随兴趣爱好随意选择，注意款式色彩要与整个春意盎然的季节相适宜。

秋季，秋高气爽，深远的天空给人们深邃的感觉，因而不妨选用一些色调款式别致高雅的服装，与那种金秋气氛相协调。当然也可以选择亮度很高的衣服。各式羊毛衫、毛衣外套、秋季套裙、夹克衫等均适宜，而所谓高亮度可以是高雅出远的蓝色，也可是优雅沉着的藕荷色。

服装美的整体性原则

服装美是千姿百态的，由于款式、色彩、面料的不同，形成了各具风采的服装风格。西服的端庄，夹克衫的潇洒；毛料的厚重，丝绸的轻柔。但仅这些都还不能构成服装之美。服装的美是一种综合性的和谐之美。

一件美观大方得体的服装要求其本身的款式、质料、色彩、图案互相谐调，共同表现出服装自身独有的"气韵"，方能称之为美。如果将厚重的呢子做成一件连衣裙，以飘逸的丝绸做成夹克衫，而又将大红大绿大蓝大黄胡乱地配在一起，显然是谈不上服装之美的，反倒显得不伦不类，莫名其妙。

服装本身不仅要讲究整体和谐协调，还要讲究服装"穿着效果"。服装是设计给人穿的，因而只有穿在人身上之后方能显出它的审美效果。不同的服装穿在同一人的身上，会有合适不合适之别。同一套服装穿在不同的人身上，会有美与不美之分。因而在评价一件服装美与不美时，就要看这件衣服与穿着者的形体、肤色、发型、化妆、个性、气质构成的整体效果。

肤色偏白且性格沉默孤傲的人，紫色的衣裙对她显然是不合适的；身材肥胖者要避免穿束腰的连衣裙；而顶着一头高雅的发髻，佩带珠光宝气，穿一身活泼、随便的运动衫也是不合适的。任何一套服装，都只能是在与穿着者的形体、肤色、发型、装饰、精神气质等各种因素的和谐协调统一中才能展现出美。

服装整体美的含义不仅指人从头到脚的统一和谐，而且还包含着服装与环境、场合、季节的和谐。参加正式的商务活动宜穿庄重大方的衣服，参加宴会宜穿高贵华丽的服装，而去郊游不妨换上轻快舒适的便装。只有将服装本身的美与穿着者的形体特点与生活环境综合考虑，达到一种变化中的和谐，才能真正成为美的服装。整体和谐美是服装美的根基所在。

穿毛衣应该怎么穿

"我应该把毛衣缩到裤子里面，还是让它保持松垂的状态？"

很多男人可能不会问这样的问题，但我觉得应该问。因为，谁也不想让自己在穿一件长毛衣时看上去象个苏格兰街头卖艺者。如果毛衣的长度超过了裤袋，那最好把它缩到裤子里。

什么时候应该把毛衣缩到裤子里面？

1. 如果你要出去参加一个晚间聚会或出席晚餐，应该把毛衣缩到裤子里面。

2. 无论什么场合，如果毛衣"泄"了，或者绉绉巴巴的，也要缩到裤子里面。

3. 如果你想让自己有吸引力，把毛衣缩到裤子里面，再配上一条时尚的皮带，等着瞧吧，你马马上就会成为注意力的焦点。

4. 如果你去未婚妻家里，一定要把毛衣缩到裤子到裤子里，保你会从丈母娘那儿得到有价值的反馈。

什么时候应该把毛衣垂在裤子外面？

1. 如果毛衣很厚，不要为了毛衣特意穿一条大一号的裤子，那样的后果可不仅仅是令你显得肥胖臃肿。

2. 在一些特殊的场合下，也可以把毛衣放在外面，比如，皮带很难看，或者皮带和鞋子的颜色不搭配。

3. 如果毛衣很短，缩到裤子里面不"熨贴"，那就干脆放在外面。否则，每隔 2 分钟，你就得分心"照顾"它一次。

4. 如果你穿的是运动装，把毛衣放在外面是个好主意。难以想象一条运动裤配一件缩在里面的大毛衣有多么可笑，至少窝窝囊囊的样子不会让你表现出丝毫的性感。

穿牛仔裤的讲究

粗腰者，不适合穿腰部有装饰的牛仔裤。穿牛仔裤时，衬衣的下摆最好放在裤子外，更能掩饰粗腰。

细腰者，宜穿腰部有装饰品的牛仔裤，或在腰部束一条宽腰带，就会更漂亮。

臀部肥大者，最好穿合身而暗色光滑的牛仔裤，不要穿臀部有口袋、横线或绣花的牛仔裤。

臀部瘦小者，可以穿任何一种牛仔裤，但是如果你想使臀部看起来比较丰满，最好选购后面有大口袋、绣花或漂亮缝线的牛仔裤。

粗腿者，应穿直筒的或裤管宽大的牛仔裤。

短腿者，宜选购直筒的牛仔裤，上面不要有横线，否则会使腿看起来显得更短。而且，后面不要有口袋，前面的口袋必须是斜口袋。可以利用高跟鞋，使腿部显得较长些。

长腿者，这种身材穿任何服装都很好看，尤其是穿牛仔裤。贴身的牛仔裤可显示这种身材的优点，修长而帅气，不妨多多利用。

女同学的着装要得体而应景

女人是爱美的天使，世界因为有了她们而更加绚丽可爱。在这个时尚开放的年代，女性服饰色彩缤纷，形态万千，因此，女人着装问题就显得比男士更复杂些。

女同学的着装以整洁美观、稳重大方、协调高雅为总原则，服饰色彩、款式、大小应与自身的年龄、气质、肤色、体态、发型和身份相协调、相一致。

参加正式会议时，着装要庄重保守、端庄大方、严守传统，不能强调个性、过于时髦、显得随便。不论年龄大小，一套剪裁合体的校服，会使你看起来显得优雅而自信，会给对方留下良好的印象。不允许身穿夹克衫、牛仔装、运动装、健美裤、背心、短裤、旅游鞋和凉鞋，衣服不能肮脏、折皱、残破、暴露、透视、过大、过小或紧身。

娱乐场合主要指宴会、舞会、晚会、聚会等交际场合，服装应突出时尚个性，可穿时装、礼服或民族服装，最好不要穿制服或便装。

休闲场合穿着应舒适自然，忌正正规规。

服装的颜色可有多种选择，有些女性认为在交往时一定要穿黑色套装，这种穿法虽然十分稳重，但是现代社会已能接受一些较鲜艳的颜色，比如红色能显示人的个性好动而外向，主观意识较为强烈而且有较强的表现欲望。这些颜色感染力强，容易打动他人，令他人振奋，给他人印象深刻。不过，女性应该避开粉红色，这种颜色往往给人以轻浮、圆滑、虚荣的印象。

女性着装应避免的误区

无可否认，女性在社交活动中的地位和信心越来越高。但在交往中，女同学的着装应避免以下问题：

1. 过分的时髦

现代女同学热爱流行的时装是很正常的现象，即使你不去刻意追求流行，流行也会左右着你。有些女性几近盲目的追求时髦。一个成功的职业女性对于流行的选择必须有正确的判断力，同时要切记：在学校生活中，应该主要表现学习能力而非赶时髦的能力。

2. 过分暴露型

过分性感或暴露的服装绝不能出现在社会交往中，这会惹出不必要的麻烦，如引起男士的非分念头，更会使人留下"花瓶"的印象。夏天，内衣（裤）颜色应与外套协调一致，避免透出颜色和轮廓，否则，会让人感到不庄重、不雅致，也给人轻佻之感，这是大忌。女性应注意自己仪表的整洁、大方。

3. 过分正式型

这个现象也是常见的，其主要原因可以说是没有适合的服装。

4. 过分潇洒型

最典型的样子就是一件随随便便的 T 恤或罩衫，配上一条泛白的"破"牛仔裤，丝毫不顾及交往中的原则和体面。这样的穿着可以说是非常不合适。在商务交往中，质料的讲究已经是不折不扣的事实，一定要注意服装采用的布料、裁制手工、外形轮廓等是否精良。

5. 过分可爱型

在服装市场上有许多可爱俏丽的款式，也不适合学校日常交往中穿着。这样会给人轻浮、不稳重的感觉。

胖女人怎么穿

肥胖的女同学常常为自己的身材苦恼，不知如何穿着才漂亮。其实，只要成功地运用颜色的搭配、设计的技巧，照样能装扮出迷人的风采。

（1）以暗色的直条纹套装展现优雅的品味，细长的白条纹套装有修长感。裙子的皱褶可掩饰过粗的腰围，白色的衣领非常典雅很适合肥胖者在正式场合穿着。

（2）暗色圆领的外套加非褶裙可添加优雅感。圆领外套加非褶裙的装扮，可显示纤细的一面，白色衬衫是重点的点缀，给人清爽的印象，整体看起来也不失优雅。

（3）连衣裙、袜裤和饰品统一为黑色，表现外套的细致。穿单件西装外套时，以黑色的连衣裙、袜裤、鞋子、手套、帽子、手袋作组合，并以金质项链来点缀，表现外套的细致，更使你在神秘之中显现出迷人的身段。

（4）在飘逸的白色圆裙上，搭配合身的上衣。想穿着白裙子时，圆裙比长筒紧身裙更能掩饰过胖的身材。合身的深色上衣和白色大圆裙，巧妙地衬托出纤细的腰身。一串复古的长项链点缀，使你成为韵味十足的淑女。

（5）以冷色系的眼饰来表现年轻和帅气。膨胀色是肥胖者的穿衣禁忌之一，但一味穿着黑色等冷色调的衣服，往往给人不明快的感觉。不过，可以选择冷色调的绿色格子服饰，以表现年轻。格子长裤，也能给腰部和臀部带来多余的空间，窄小的衣领显出轻快感，格子的帽子作点缀，帅气无比。

（6）以深色的牛仔裤束起上衣，穿出最棒的身材。牛仔裤一直深受人们的喜爱，穿上适合体形的牛仔裤，不仅可掩饰身材的缺点，还能表现一份年轻与自信。肥胖的人只要用深色的牛仔裤束起上衣，并用皮带点缀，有份量的身材就变得纤细许多了。

着装要追求纯美自然

服装是人类心灵的一面镜子，每个人的穿着打扮，都展示着自己的审美观，表现着自己独特的内心世界和个性特征。美国一位研究服装史的学者曾指出："一个人在穿衣服和装扮自己时，就是在填一张调查表，写上了自己的性别、年龄、民族、宗教信仰、职业、社会地位、经济条件、婚姻状况等等。"服装简直成了一个人的性格、身份的形象化写照。

既然服饰之美是一种个性美，那么，日常着装又该怎样突出自我呢？

首先，不要一味地效仿他人，盲目追时髦。穿着打扮喜欢追时髦，怕自己的着装落伍，这是当代年轻人的一个明显特点。这种求新爱美的心态是十分可贵的，但切忌脱离自身的条件去盲目追逐时尚，那样会扼杀了自己特有的个性、气质，甚至弄巧成拙。不顾自身条件，盲目追时髦，是很难穿出美的效果的。

追求自然美

要使着装既新颖时尚又适身合体，就得因人而异地穿戴打扮，正确的做法正如意大利著名的影星索菲娅·罗兰所说的："跟着时装的潮流穿衣，当然是可以的。但请勿滥追潮流。你可以改造一下时新的式样，以适合你的特殊需要，重点在于你对自己穿的衣服要既觉得合体，又显得合适。一旦你找到了真正适合你自己的式样，你的所有穿戴都可以它为标准。根据自己的情况穿衣吧！"

在学校交往中，青年人的衣着打扮要顺乎自然，不应过分雕琢，着装应该纯美自然，表现出干练的风度和活力。有些年轻人在穿着打扮上追求以洋为美。个别女性学着外国妇女的袒胸露背、画眉涂唇，把自然的纯真妩媚的特征泯灭殆尽。有的男性，本身健美英俊，可在着装上喜欢仿效西方的"嬉皮士"，乱糟糟的头发披在肩上，服式怪诞、颜色多样，显得萎靡不振。这种不伦不类的打扮，毫无美感可言。

在任何时刻都不可忽视的是：服饰美是建立在民族生活的土壤之上的。一个人的着装只有顺乎自然、简洁大方，才能突出纯洁明朗、积极向上的精神风貌。

学生进出校门为何要佩戴校徽

校徽是学校的标志。佩戴校徽对教师或学生来说，在发扬传统道德和遵守纪律上，起着直接的促进和制约作用。当一个教师或学生戴着校徽走

仪表礼仪

出校门，在公共场合进行活动时，就等于向别人明确宣布自己是某某学校的教师或学生。他们的一举一动，都受着社会的关注和监督。因而，这就要求本人更自觉地注意遵守道德和法纪，无论何时何地，都不忘记自己的这一身份，自觉地维护本校的荣誉。所以，让教师和学生佩戴校徽，对于提高他们的荣誉感和责任感，养成遵纪守法的良好习惯，是极为有益的。

师生进出校门佩戴好校徽，同时也有助于搞好学校的保卫工作，使门卫人员对进出人员的身份一目了然，防止外人进入学校，这样更有利于维持学校的正常秩序。

每位教师，对佩戴校徽的意义也要有充分的认识，这不但可以在学生面前起到表率作用，同时，也可以加强本人教书育人的责任感，

进出学校时佩戴校徽

时时提醒自己是一个教育者，处处以身作则，遵纪守法，起到模范的作用。

仪态礼仪

要保持正确的站姿

站立是人们生活交往中的一种最基本的举止，是生活静力造型的动作。优美而典雅的造型，是优雅举止的基础。男同学要求"站如松"，刚毅洒脱；女同学则应秀雅优美，亭亭玉立。标准的站姿是：

保持正确的站姿

1. 头正，双目平视，嘴角微闭，下颌微收，面容平和自然。

2. 双肩放松，稍向下沉，给人向上的感觉。

3. 躯干挺直，挺胸，收腹，立腰。

4. 双臂自然下垂于身体两侧，中指贴拢裤缝，两手自然放松。

5. 双腿立直、并拢，脚跟相靠，两脚尖张开约 60 度，身体重心落于两脚正中。

几种常用站姿：

1. 肃立。身体立直，双手置于身体两侧，双腿自然并拢，脚跟靠紧，

57

脚掌分开呈"V"字型。面部表情严肃、庄重、自然。参加升降国旗仪式、遗体告别仪式或其它庄重严肃的场合，应该用肃立站姿。

2. 直立。身体立直，右手搭在左手上，自然贴在腹部（前搭手式），或两手背后相搭在臀部（后背手式），两腿并拢，脚跟靠紧，脚掌分开呈"V"字型（男女都适用，男士两脚可以略分开站立更显洒脱）。

3. 直立（女同学直立姿态）。身体立直，右手搭在左手上，自然贴在腹部，右脚略向前靠在左脚上成丁字步。

4. 直立（男同学直立姿态）。身体立直，两手背后相搭，贴在臀部，两腿分开，两脚平行，比肩宽略窄些。

正确健美的站姿会给人以挺拔笔直、舒展俊美、庄重大方、精力充沛、信心十足、积极向上的印象。作为一种基本姿势和体态训练之需要，站姿应遵循的基本要求是一致的。由站姿的基本要求构成的站姿，似有呆板之嫌，其实不然，按这些要求经过反复训练后，能练成一种优雅挺拔、神彩奕奕的体态。站姿的基本范式是其它各种工作姿势的基础，也是发展不同质感美的起点，是优雅端庄的举止的基础。

同学们参加升旗仪式或参加军训、上体育课，都是训练良好站姿的机会。挺拔俊美的站姿需要严格持久训练才能养成。

保持正确的坐姿

坐是举止的主要内容之一，无论是伏案学习、参加会议，还是会客交谈、娱乐休息都离不开坐。坐，作为一种举止，有着美与丑、优雅与粗俗之分。

坐姿要求"坐如钟"，指人的坐态像座钟般端直，当然这里的端直指上体的端直。优美的坐姿让人觉得安详、舒适、端正、舒展大方。

正确的坐姿：

1. 入坐时要轻、稳、缓。走到座位前，转身后轻稳地坐下。女同学入座时，若是裙装，应用手将裙子稍稍拢一下，不要坐下后再拉拽衣裙，那样不优雅。正式场合一般从椅子的左边入座，离座时也要从椅子左边离开，

女同学坐姿

这是一种礼貌。女士入座尤其要娴雅、文静、变美。

如果椅子位置不合适，需要挪动椅子的位置时应当先把椅子移至欲就座处，然后入座。坐在椅子上移动位置，是有违社交礼仪的。请同学们平时养成双手提放椅子的习惯。

2. 神态从容自如（嘴唇微闭，下颌微收，面容平和自然）。

3. 双肩平正放松，两臂自然弯曲放在腿上，亦可放在椅子或是沙发扶手上，以自然得体为宜，掌心向下。

4. 坐在椅子上，要立腰，挺胸，上体自然挺直。

5. 双膝自然并拢，双腿正放或侧放，双脚并拢或交叠或成小"V"字型。

男同学两膝间可分开一拳左右的距离，脚态可取小八字步或稍分开以显自然洒脱之美，但不可尽情打开腿脚，那样会显得粗俗和傲慢。

6. 坐在椅子上，应至少坐满椅子的2/3，宽座沙发则至少坐1/2。落座后至少10分钟左右时间不要靠椅背。时间久了，可轻靠椅背。

男同学坐姿

7. 谈话时应根据交谈者方位，将上体双膝侧转向交谈者，上身仍保持挺直，不要出现自卑、恭维、讨好的姿态。讲究礼仪，尊重别人，但不能失去自尊。

8. 离座时，要自然稳当，右脚向后收半步，而后站起。

仪态礼仪

几种规范坐姿：

1. 双腿并拢，上体挺直，坐正，两脚略向前伸，两手分别放在双膝上（男士双腿略分开）。

2. 女士坐姿。坐正，上身挺直，双腿并拢，两脚交叉，双手叠放，置于左腿或右腿上。

3. 女士坐姿（著名的 S 型女士坐姿）。坐正，上身挺直，双腿并拢，两腿同时侧向左或

规范的坐姿

侧向右，两脚并放或交叠。双手叠放，置于左腿或右腿上。

4. 搭腿式坐姿（或叫两腿交叠坐姿）。其方法是将左腿微向右倾，右大腿放在左大腿上，脚尖朝向地面，（切忌右脚尖朝天）。这种坐姿给人以高贵、典雅的美感。但应特别注意与"跷二郎腿"区别开。"跷二郎腿"一般指悬空那只脚的脚尖朝天、脚底朝向人，并伴有上下抖动的不雅的动作。有的国家是忌讳脚底朝向人的，因为这表示挑衅、不满、轻视、愤怒的情感，是粗俗不雅的举止。

作为学生，坐在教室里听课是训练坐姿的好机会，上课听讲可把双臂屈肘放在课桌上，上体稍向前倾。若坐时间久了可适当调换姿势，但不论何种坐姿，都要保持上身挺直端正，挺胸立腰，不要养成弯腰曲背的习惯，那样既不美观，也会影响身体正常发育，影响健康成长。

优美的走姿

走姿又称步态。走姿要求"行如风"，是指人行走时，如风行水上，有一种轻快自然的美。

人们走路的样子千姿百态、各不相同。有的步伐矫健、轻松灵活、富有弹性，令人精神振奋；有的步伐稳健、端庄、自然、大方，给人以沉着、庄重、斯文之感；有的步伐雄健、铿锵有力，给人以英武、勇敢、无畏的

规范的走姿

印象；有的步伐轻盈、敏捷，给人以轻巧、欢悦、柔和之感。但也有人不重视步态美，行走时弯腰驼背、低头无神、步履蹒跚，给人以倦怠、老态龙钟的感觉；还有的摇着八字脚，晃着"鸭子"步。这些步态都十分难看。

走姿的基本要求是从容、平稳，应走直线。

具体要求：

1. 双目向前平视，微收下颌，面容平和自然，不左顾右盼，不回头张望，不盯住行人乱打量。

2. 双肩平稳、肩峰稍后张，大臂带动小臂自然前后摆动，肩勿摇晃；前摆时，手不要超衣扣垂直线，肘关节微屈30度，掌心向内，勿甩小臂，后摆时勿甩手腕。

3. 上身自然挺拔，头正、挺胸、收腹、立腰，重心稍向前倾。

4. 注意步位。行走时就像脚下前进方向有条直线，男士两脚跟交替踩在直线上，脚跟先着地，然后迅速过渡到前脚掌，脚尖略向外，距离直线约5厘米。女式则应采取一字步走姿，即两腿交替迈步，两脚交替踏在直线上。

5. 步幅适当。男性步幅（前后脚之间的距离）约25厘米，女性步幅约20厘米。或者说前脚的脚跟与后脚尖相距约为一脚长。步幅也与服饰有关，如女士穿裙装，特别是穿旗袍、西服裙、礼服和高跟鞋时，步幅应小些，穿长裤时步幅可大些。

6. 注意步态。步态，即行走的基本态势。性别不同，行走的态势应有所区别。男性步伐矫健、稳重、刚毅、洒脱、豪迈，好似雄壮的"进行曲"，气势磅礴，具有阳刚之美，步伐频率每分钟约100步。女性步伐轻盈、玲珑、娴淑，具有阴柔秀雅之美，步伐频率约每分钟90步。

7. 注意步韵。跨出的步子应是全部脚掌着地，膝和脚腕不可过于僵直，应该富有弹性，膝盖要尽量绷直，双臂应自然轻松摆动，使步伐因有韵律

仪态礼仪

节奏感而显得优美柔韧。

8. 行走时不可把手插进衣服口袋里，尤其不可插在裤袋里。

蹲姿的礼仪

在日常生活中，人们对掉在地上的东西，一般是习惯弯腰或蹲下将其捡起，而身为办公白领对掉在地上的东西，也像普通人一样采用一般随意弯腰蹲下捡起的姿势是不合适的。正确的蹲姿如下：

正确的蹲姿

基本蹲姿

1. 下蹲拾物时，应自然、得体、大方，不遮遮掩掩。

2. 下蹲时，两腿合力支撑身体，避免滑倒。

3. 下蹲时，应使头、胸、膝关节在一个角度上，使蹲姿美丽。

4. 女士无论采用哪种蹲姿，都要将腿靠紧，臀部向下。

蹲姿实例：

1. 交叉式蹲姿

在实际生活中经常会用到蹲姿，如集体合影前排需要蹲下时，女士可采用交叉式蹲姿，下蹲时右脚在前，左脚在后，右小腿垂直于地面，全脚着地。左膝由后面伸向右侧，左脚跟抬起，脚掌着地。两腿靠紧，合力支撑身体。臀部向下，上身稍前倾。

交叉式蹲姿

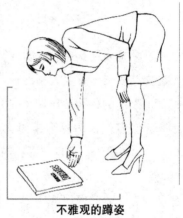

2. 高低式蹲姿

下蹲时右脚在前，左脚稍后，两腿靠紧向下蹲。右脚全脚着地，小腿基本垂直于地面，左脚脚跟提起，脚掌着地。左膝低于右膝，左膝内侧靠于右小腿内侧，形成右膝高左膝低的姿态，臀部向下，基本上以左腿支撑身体。

蹲姿禁忌：

1. 弯腰捡拾物品时，两腿叉开，臀部向后撅起，是不雅观的姿态。

两腿展开平衡下蹲，其姿态也不优雅。

2. 下蹲时注意内衣"不可以露，不可以透"。

高低式蹲姿

不雅观的蹲姿

注意蹲姿三要点：迅速、美观、大方。若用右手捡东西，可以先走到东西的左边，右脚向后退半步后再蹲下来。脊背保持挺直，臀部一定要蹲下来，避免弯腰翘臀的姿势。男士两腿间可留有适当的缝隙，女士则要两腿并紧，穿旗袍或短裙时需更加留意，以免尴尬。

使用正确的手势

手势是人们交往时不可缺少的动作，是具有较强表现力的一种"体态语言"。俗话说："心有所思，手有所指。"手的魅力并不亚于眼睛，甚至可以说手就是人的第二双眼睛。

手势表现的含义非常丰富，表达的感情也非常微妙复杂。如招手致意，挥手告别，拍手称赞，拱手致谢，举手赞同，摆手拒绝；手抚是爱，手指

是怒，手搂是亲，手捧是敬，手遮是羞等等。手势的含义，或是发出信息，或是表示喜恶、表达感情。能够恰当地运用手势表情达意，会为交际形象增辉。

各种手势

使用手势应该注意：

1. 在交往中，手势不宜过多，动作不宜过大，给人以优雅、含蓄和彬彬有礼之感，切忌"指手划脚"和"手舞足蹈"。

2. 打招呼、致意、告别、欢呼、鼓掌属于手势范围，应该注意其力度的大小、速度的快慢、时间的长短，不可过度。

鼓掌是表示欢迎、祝贺、赞许、致谢等的礼貌举止。在正式社交场合，观看文艺演出、重要人物出现、听报告、听演讲等都用热烈鼓掌表示钦佩、祝贺。鼓掌的标准动作应该是用右手掌轻拍左手掌的掌心，鼓掌时不应戴手套，宜自然，切忌为掌声大而使劲鼓掌，应随自然终止。鼓掌要热烈，但不要"忘形"，一旦忘形，鼓掌的意义就发生了质的变化而成"喝倒彩"、"鼓倒掌"，有起哄之嫌，这样是失礼的。注意鼓掌尽量不要用语言配合，那是缺乏修养的表现。

3. 在任何情况下都不要用大拇指指自己的鼻尖和用手指指点他人。谈到自己时应用手掌轻按自己的左胸，那样会显得端庄、大方、可信。用手指指点他人的手势是不礼貌的。

4. 一般认为，掌心向上的手势有诚恳、尊重他人的含义；掌心向下的手势意味着不够坦率、缺乏诚意等。攥紧拳头暗示进攻和自卫，也表示愤怒。伸出手指来指点，

鼓掌表示庆贺

是要引起他人的注意，含有教训人的意味。

因此，在介绍某人、为某人引路指示方向、请人做某事时，应该掌心向上，以肘关节为轴，上身稍向前倾，以示尊敬。这种手势被认为是诚恳、恭敬、有礼貌的。

5. 有些手势在使用时应注意区域和各国不同习惯，不可以乱用。因为各地习俗迥异，相同的手势表达的意思不仅有所不同，甚至大相径庭。如在我国和某些国家认为竖起大拇指、其余四指蜷曲表示称赞夸奖，但澳大利亚则认为竖起大拇指、尤其是横向伸出大拇指是一种污辱。英国人翘起大拇指是拦车要求搭车的意思。用大拇指和食指构成一个圆圈，其它三指伸直，就是"OK"的手势，这一手势在欧洲表示赞扬和允诺的意思，特别在青年学生中广为流行。然而在法国南部、希腊、撒丁岛等地，它的意思恰好相反。在巴西，人们打"OK"这个手势表示的是"肛门"。阿拉伯人用两个小拇指拉在一起表示断交，吉卜赛人掸去肩上的尘土表示你快滚开。

由此不难看出，每种文化都有自己的"手势语言"。千姿百态的手势语言，饱含着人类无比丰富的情感。它虽然不像有声语言那样实用，但在人际交往中能起到有声语言无法替代的作用。

日常生活中某些不雅的行为举止会令人极为反感，严重影响交际风度和自我形象，应该特别注意避免。如当众搔头皮、掏耳朵、抠鼻孔、剔牙、咬指甲、剜眼屎、搓泥垢等，餐桌上更应注意。参加交际活动前不要吃葱、蒜、韭菜等异味食品，如果已经吃过这类食品应该漱口，含茶叶、口香糖、口香液以除异味。咳嗽、打喷嚏时，请用手帕或手巾纸捂住嘴转向一侧，避免发出大声。口中有痰请吐在手纸里、手帕中，手中的废物请扔进垃圾箱，特别是拜访别人时，这些简单的礼仪要求都是必须遵守的，否则你将是一位不受欢迎的人。

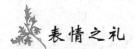 表情之礼

表情，是人的内心情感在面部、声音或身体姿态上的表现。当外部客观事物以物体的、语言的、行为的方式刺激大脑时，人就会产生各种内在

反映即情感，这种情感会通过人体相应的表情呈现出来，表现在人的面部、身体、姿态、声音上。人们常说情动之于心、形之于外、传之于声就是这个意思。

人的面部表情是复杂的。古人说："人身之有面，犹室之有门，人未入室，先见大门。"现代心理学家总结过一个公式：

感情的表达 = 言语（7%）+ 声音（38%）+ 表情（55%）

比如打电话时虽然看不到打电话的人，但表情却影响传过来的声音，没有哪一个人能以愤怒的表情说出优美和蔼动听的问候语。可见表情在人与人之间的感情沟通上具有相当重要的影响。

健康的表情留给人们的印象是深刻的，它是优雅风度的重要组成部分。这里着重介绍面部表情中的目光和微笑。

一个善于通过目光和笑容表达美好感情的人，可以使自已富有魅力，也会给别人更多的美感。人际交往中多一些敬重，多一些宽容和理解，表情就可以更美，交际形象就会更好和更有风度。乐观的表情会给你带来更多的朋友。

1. 目光

眼睛是人体传递信息最有效的器官，它能表达出人们最细微、最精妙的内心情思，从一个人的眼睛中，往往能看到他的整个内心世界。一个人心态的变化，通过瞳孔的放大与收缩来表示，情绪积极兴奋时瞳孔会扩张；

认真观看

消极低沉时瞳孔会收缩。我们在与人交际谈话时，注视对方的眼睛，观察对方的瞳孔，将自已的心情坦露给对方，也获知对方真正的情感，达到心灵的交流。一个良好的交际形象，目光是坦然、亲切、和蔼、有神的。特别是在与人交谈时，目光应该是注视对方，不应该躲闪或游移不定。在整个谈话过程中，目光与对方接触累计应达到全部交谈过程的 50%～70%。

人际交往中诸如呆滞的、漠然的、疲倦的、冰冷的、惊慌的、敌视的、轻蔑的、左顾右盼的目光都是应该避免的，更不要对人上下打量，挤眉弄眼。

介绍几种凝视：

公务凝视：洽谈、磋商、谈判等正式场合用。给人一种严肃认真的感觉。这种凝视注视的位置在对方脸部，以双眼为底线，上到前额的三角部分。谈公务时，如果你注视对方这个部位，就会显得严肃认真，对方也会感到你有诚意，你就会把握谈话的主动权和控制权。

社交凝视：各种社交场合使用的注视方式，注视的位置在对方唇心到双眼之间的三角区域，当你的目光看着对方脸部这个区域时，会营造出一种社交气氛，让人感到轻松自然。这种凝视主要用于茶话会、舞会及各种类型的友谊聚会。

亲密凝视：注视的对象是亲人之间、恋人之间、家庭成员之间使用的注视方式。凝视的位置在对方双眼到胸之间。

交谈时请将目光转向交谈人，以示自己在倾听，这时应将目光放虚，相对集中于对方某个区域上，切忌"聚焦"，死盯对方眼睛或脸上的某个部位，因为这样会使对方难受、不安，甚至有受侮之感，产生敌意，无意中积小恶而产生抵触、敌意情绪，很不值得。

2. 微笑

笑有很多种，轻笑、微笑、狂笑、奸笑、羞怯的笑、爽朗的笑、开怀大笑、尴尬的笑、嘲笑、苦笑等等，其中微笑是最美的。

微笑是指不露牙齿，嘴角的两端略提起的笑。

几乎没有人不会微笑，但有相当多的人不善于利用微笑。

微笑是社交场合中最富吸引力、最令人愉悦、也最有价值的面部表情。它可以与语言和动作相互配合起互补作用，它不但表现着人际交往中友善、诚信、谦恭、和谐、融洽等最美好的感情因素，而且反映出交往人的自信、涵养与和睦的人际关系及健康的心理。不仅能传递和表达友好、和善，而且还能表达歉意、谅解。因此微笑在社交、生活、工作中都有非常深刻的内涵。

保持微笑

微笑着接受批评，显示你承认错误但不诚惶诚恐；微笑着接受荣誉，说明你充满喜悦但不骄傲自满；遇见领导、老师，给一个微笑，表达了你的尊敬但无意讨好；微笑着面对困难，用笑脸迎接一个悲惨的厄运，用百倍的勇气来应付一切的不幸，说明你经得住考验和磨练，你有战胜困难的勇气和信心。其实，温和、含蓄的微笑不仅是应付社交的手段，而且深寓着一个人的人生价值观。

我国有句俗话叫做"和气生财"，要成就一番事业需要天时、地利、人和，天时不如地利，地利不如人和，而微笑最易营造人和的氛围。

"你今天对顾客微笑了没有？"美国希尔顿旅馆的董事长康纳·希尔顿常这样问下属。"无论旅馆本身遭遇的困难如何，希尔顿旅馆服务员脸上的微笑永远是属于顾客的阳光。"康纳·希尔顿要求职员们记住这一信条。服务员脸上永恒的微笑，果然帮助希尔顿旅馆渡过了 20 世纪 30 年代美国空前的经济萧条时期，在全美旅馆业倒闭 80% 的情况下，它却跨入了黄金时代，发展成了显赫全球的旅馆。

被誉为日本保险业推销之神的原一平先生有一个著名的习惯：当他遭遇到困难与挫折时，他便整理自己的仪容仪表到最满意，然后对着镜子微笑，直到有了足够的信心再继续工作。有人说原一平的微笑价值千金，微笑成为原一平成功的秘诀之一。

微笑是人的宝贵的无形资产，可以说成功从微笑开始。一个大公司的人事经理经常说："一个拥有纯真微笑的小学毕业生，比一个脸孔冷漠的哲学博士更有用，因为微笑是一个工作人的基本素质，也是公司最有效的商标，比任何广告都有力，只有它能深入人心。"

真诚地希望同学们能够经常对老师、对同学、对家长微笑，微笑着对待中学生活中的成功与失误，培养自信、乐观、豁达、坚毅、积极进取的性格和高尚正确的人生观。

应该注意的是：微笑一定要发自内心、亲切自然。只有发自内心的微笑才富有魅力，让人愉悦欢心。不要为了讨好别人故作笑颜，满脸堆笑。

当然了，参加追悼会、扫墓或在别人悲伤的时候，在非常严肃庄重的场合，就不可以微笑了。

要正确地使用"体态语"

体态语亦称人体示意语言，是通过包括表情在内的人体动作传递信息、表明态度、表达感情的一种方式，也被称为"行为的语言"。

常见的体态语有以下几种：

打招呼：距离较远的，在双方对视的情况下可以微笑着点头示意，也可以扬起手表示致意。距离较近的，可以迎上去敬礼、鞠躬（用于对尊长），可以伸出手迎上去握手。迎面遇到的，如无停下交谈的必要，只需点头微笑。

夸奖、祝贺：或跷起大拇指，或点头，或鼓掌，或扬手互相击掌或拥抱并轻拍对方背部。

感谢：一般情况，可注目点头，或欠身以示谢意；较慎重的，可紧握对方双手并伴着深深的点头；庄重场合或对尊长，可行礼或鞠躬。

道歉：常见的是，握紧对方的手，侧向作低头状，短暂对视后即移开视线。也有行礼或鞠躬的。

鞠躬道谢

请安静

安慰：较长时间紧握对方的手，不摇动，或是以手轻抚对方肩、背。

默契：以单眼或双眼眨动，或努嘴、扬下巴，或做一种对方看得懂的手势。

无奈：自嘲式的摇头，或耸肩，或耸肩并摊开双手。

暂停：常借助篮球运动手势，左手掌伸直，掌心向下，以右手食指顶住左手掌心。

安静：大庭广众之下要求大家安静，往往是手掌伸开，掌心向下，由上到下慢慢挥动；人数少的场合，动作可小些，手掌按在胸前即可；向个别人示意，常将食指贴近嘴唇，可伴以"嘘"声。

反对：摇头，或是横向摆手。

挥手告别

告别：握手或是挥手。

体态语常用在不能、不便或不必说话的时候。运用体态语讲究心领神会，因此，体态语的使用要正确，不能错误地传递信息、表明态度和表达情感。在需要用有声语言的时候，还是应开口讲话，这时的体态语只是作为讲话的一种辅助手段了。

不恰当的体态语常常有失礼仪，例如在听老师教导的时候，作出锁眉、耸肩、撇嘴、翻白眼等表示怀疑、厌烦和焦躁等意思的动作，都是不礼貌的。

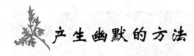

产生幽默的方法

使用双关语言是产生幽默的最常见的方法。所谓双关，也就是你说出的话包含了两层含义：一是这句话本身的含义；另一个是引申的含义，幽默就从这里产生出来。也可说是言在此意在彼，让听者不只从字面上去理解，而能领会言外之意。

有一则寓言说，猴子死了去见阎王，要求下辈子做人。阎王说，你既要做人，就得把全身的毛拔掉。说完就叫小鬼来拔毛。谁知只拔了一根毛，这猴子就哇哇叫痛。阎王笑着说："你一毛不拔，怎么做人？"

这则寓言表面上是在讲猴子的事情，却很幽默地表达了"一毛不拔，不配做人"的道理，虽然讽刺性很强，却也委婉、含蓄。

利用字的谐音来制造双关的效果，会显得很有幽默感。传说李鸿章有一个远房亲戚，胸无点墨却热衷科举，一心想借李鸿章的关系捞个一官半职。他在考场上打开试卷，竟无法下笔。眼看要交卷了，便"灵机一动"，在试卷上写下"我乃李鸿章中堂大人的亲妻（戚）"，指望能获主考官录取。主考官批阅这份考卷时，发现他竟将"戚"错写成"妻"，不禁捋须微笑，提笔在卷上批道："所以我不敢娶你。""娶"与"取"同音，主考官针对他的错字，来了个双关的"错批"，既有很强的讽刺意味，又极富情趣。

动作优雅

举止文明的另一个表现是动作优雅。人们的活动是频繁的。据统计，除去睡眠，人的活动时间大大超过静止不动的时间。一般人静止在一个姿势上的时间超过 5 分钟就会感觉疲劳、难受，因此在一天中人究竟要做多少动作是无法统计的。但是对于同一个动作，每个人的表现都不会相同，都带有自身的性格、气质的特点。它反映出一个人的教养和文化修养水平。

动作优雅首先是指动作规范，举手投足都受过一定的训练。例如西方国家从幼儿开始开设舞蹈课，王室贵族还要单独接受行为训练。我国在外事部门工作的人员也要进行专门的形体和动作训练。我们所上的体育课和军训中就有动作训练的内容。对于中学生来讲，虽然达不到国际交往的规范要求，但做到起码的规范是不难的。前面我们讲了站、坐、行走、读书、写字动作要求，手势的要求，除此以外还有拿东西的轻拿轻放，动作快慢适度等。其

保持优雅的动作

次是要注意动作的美，如走路，身体各部分配合恰到好处，或步伐轻盈飘逸，从而给人一种行云流水般的美感；或者是步子稳重，给人以刚健有力的美、气势的美。平时，动作太少，人显得呆板；而动作过于夸张，会显得做作。有分寸的恰到好处的动作才是美的。和谐的动作是美的，不协调就会破坏整体美。英国哲学家曾经说："秀雅合适的动作的美，高于相貌的美，这是美的精华。"我们要注意训练自己的动作美。粗鲁的动作显得流气，忸怩的动作显得娇气，夸张的动作显得傲气，都是不足取的。

男同学们希望自己具有阳刚之美，但若因此而表现得粗鲁，大喊大叫、打架骂人、讲粗话，有时甚至以欺负小同学来显示自己的力量，则是十分错误的。阳刚之美，应当表现为动作有节制，有力度，表现出主持正义，帮助弱者，光明磊落的高尚品德；在处理人际关系时，应当宽容大度，能让人，能委曲求全，处事冷静。这才是强健有力、英勇威武、可以信赖、无所畏惧的男子汉形象。而粗鲁野蛮，只能给人以不明事理、不讲道德的感觉，与阳刚之美相差甚远，不可混为一谈。

女同学们希望自己妩媚动人，也是无可非议的，但这不能依靠扭捏做作、装腔作势，而应当动作轻柔、娴静典雅，表现出女孩子温柔善良、善解人意、诚实可信、纯洁无瑕的优秀品质。

握手礼

握手是石器时代穴居人留下的一种遗俗。那时人们在狩猎的过程中，手中拿着武器，当与陌生人相遇时，若双方都无恶意，不想发生冲突，就要放下手中的武器，然后向对方敞开右手掌亮出掌心，或让对方摸摸手心以示友好。随着时代的变迁，此种遗俗逐渐演变成一种两手相握的礼节方式。

现在大多数国家的人们已将握手礼视为一种习以为常的见面礼的仪式。现代人握手时表示的含义很多：见面时表示友好、欢迎、寒暄；告辞时表示送别，也表示对他人的问候、感谢、慰问、祝贺、安慰等。

标准的握手姿势（交际礼节意义的握手）：距受礼者约一步，右臂自然向前伸出，伸出右手，拇指稍用力握对方的手掌（手掌应与地面垂直）。左臂自然下垂，双目注视对方，面带微笑，上身微微前倾，头微低。

握　手

在各种场合能轻松自如地与相识的或陌生人握手，是现代社会中每个人都应该学会的一种礼节。

握手时应注意的几条原则：

1. 注意伸手先后。伸手先后顺序应根据握手人双方的社会地位、年龄、性别和宾主身份来确定。一般遵循"尊者决定"的原则，即尊者先伸手。握手的基本礼节是：在平辈的朋友中，相见时先出手为敬；在长辈与晚辈之间、男女之间、上级与下级之间、主人与客人之间行握手礼时，应该是

仪态礼仪

长辈、女士、上级、主人先出手，晚辈、男士、下级、客人先问候再伸手相握；男女之间如女方无握手之意，男方可点头或鞠躬致意，倘若男方是长辈、上级先伸手也是可以的。客人辞行时，应是客人先伸手表示告别，主人才能握手相送。在社交或商务、公务场合，当别人按先后顺序的惯例已经伸出手时，应毫不迟疑地立即回握，拒绝别人的握手和对已经表达出来的友好不予理睬是极为不礼貌的。

2. 握手时，应该伸出右手，决不能伸出左手，伸出左手是失礼的。特别是有的国家、区域忌讳使用左手握手。在特殊情况下不能用右手相握应说明原因并道歉。

3. 握手前要脱帽和摘手套。因为戴手套本身就意味着讨厌别人接触你的手，即使对方跟你的关系非常好，这种握手也会产生不好的效果。在大多数国家内，戴手套与别人握手既不礼貌也是对对方的侮辱。因此应避免戴手套同别人握手。军人与他人握手时不必脱军帽，应先行军礼然后握手。西方国家，女士身着礼服帽戴手套时，与他人握手可以不摘手套。

4. 与人握手时应采取站立姿势（年老体弱或者残疾人除外）。

5. 不宜交叉握手。遇到两位以上交往对象，行握手礼时应一一相握。有的国家视交叉握手为凶兆的象征，交叉成"十"意为十字架，认为必定会招来不幸。还要注意与多人握手时，时间长短大体相同，不要给人厚此薄彼的感觉。

6. 男士与女士握手，时间不宜过长，握力要轻一些，一般应握女士的手指。

7. 为了表示尊敬，握手时上身略微前倾，头略低一些面带笑容，注视对方眼睛，边握手边开口致意，如说："您好"、"见到您很高兴"、"欢迎您"、"辛苦啦"等等。

综上所述，归纳出握手十忌。一忌不讲先后顺序，抢先出手；二忌目光游移，漫不经心；三忌不脱手套，自视高傲；四忌掌心向下，目中无人；五忌用力不当，敷衍鲁莽；六忌左手相握，有悖习俗；七忌"乞讨式"握手，过分谦恭；八忌握手时间太长，让人无所适从；九忌滥用"双握式"，令人尴尬；十忌"死鱼"式握手，轻慢冷漠。

握手时伸手的先后次序

在比较正式的场合，行握手礼时最为重要的礼仪问题，是握手的双方应当由谁先伸出手来"发起"握手。倘若对此一无所知，在与他人握手时，轻率地抢先伸出手去而得不到对方的回应，那种场景一定是令人非常尴尬的。

1. "尊者决定"原则

根据礼仪规范，握手时双方伸手的先后次序，应当在遵守"尊者决定"的原则的前提下，具体情况具体对待。

"尊者决定"原则的含义是，在两人握手之前，各自首先应确定握手双方彼此身份的尊卑，然后以此而决定伸手的先后。先由位尊者首先伸出手来，即尊者先行。位卑者只能在此后予以响应，而决不可贸然抢先伸手，不然就是违反礼仪的举动。

在握手时，之所以要遵守"尊者决定"的原则，既是为了恰到好处地体现对位尊者的尊重，也是为了维护在握手之后的寒暄应酬中位尊者的自尊。因为握手往往意味着进一步的交往的开始。如果位尊者不想与位卑者深交，他是大可不必伸手与之相握的。换言之，如果位尊者主动伸手与位卑者相握，则表明前者对后者印象不坏，而且有与之深交之意。

2. 具体涉及情况

具体而言，握手时双方伸手的先后次序大体包括如下几种情况：

（1）年长者与年幼者握手，应由年长者首先伸出手来。

（2）长辈与晚辈握手，应由长辈首先伸出手来。

（3）老师与学生握手，应由老师首先伸出手来。

（4）女士与男士握手，应由女士首先伸出手来。

（5）已婚者与未婚者握手，应由已婚者首先伸出手来。

（6）社交场合的先至者与后来者握手，应由先至者首先伸出手来。

（7）上级与下级握手，应由上级首先伸出手来。

3. 某些特殊情况

若是一个人需要与多人握手，则握手时亦应讲究先后次序，由尊而

仪态礼仪

卑，即先年长者后年幼者，先长辈而晚辈，先老师后学生，先女士后男士，先已婚者后未婚者，先上级后下级，先职位身份高者后职位身份低者。

应当强调的是，上述握手时的先后次序可用以律己，却不必处处苛求于人。要是自己处于尊者之位，而位卑者抢先伸手要来相握时，最得体的做法，还是要与之配合，立即伸出自己的手去。若是过份拘泥于礼仪，对其视若不见，"置之不理"，使其进退两难，当场出丑，也是失礼于对方的。

鞠躬时的礼仪

"鞠躬"一词，历史典籍中也有许多记载。《论语·乡党》："入公门，鞠躬如也。"《史记·太史公自序》："敦厚慈孝，讷于言，敏于行，务在鞠躬，君子长者。"等等。概括起来，其意为弯着身子表示恭敬、谨慎。

鞠躬礼仪

鞠躬礼分两种：一种是三鞠躬，也称最敬礼。行这种鞠躬礼前，应脱帽（摘下围巾），身体立正，目光平视。两臂自然下垂，五指并拢，身体上部向前倾约 15～90 度（具体的前倾幅度依行礼人对受礼人的尊敬程度而定），然后恢复原状，这样连续三次。三鞠躬礼节常用于举行婚礼时"新郎新娘三鞠躬"。参加追悼会向遗体告别，或在烈士灵堂、民族英雄纪念碑前，伟人逝世纪念日举行悼念活动，献花圈时也行三鞠躬（我国部分农村地区灵堂吊丧时举行四鞠躬礼）。另一种是一鞠躬礼，几乎适用于一切社交场合。晚辈对长辈、学生对老师、下级对上级或同事之间以及演讲者、表演者对听众、观众等都可以行一鞠躬礼。行一鞠躬礼时，首先应立正站好，保持身体的端正。鞠躬时，以腰为轴，身体上部向前倾斜约 15～30 度，目光向下，然后恢复原态，只做一次。受礼者应随即还礼，但长辈对晚辈、上级对下级不鞠躬，欠身点头还礼即可，观众鼓掌还礼。

在我国，鞠躬礼适用于以下几种场合：

演员谢幕时，演员演出一个节目后或演出结束后，对观众的热烈掌声以鞠躬礼致谢。

举行婚礼时，新郎新娘之间行三鞠躬礼，新郎新娘向长者、亲友和来宾施一鞠躬礼。

上台领奖时向授奖者与全体与会者、演讲前后向观众行一鞠躬礼以示感谢和敬意。

参加悼念活动要施鞠躬礼。

鞠躬时应该注意的问题：

1. 一般情况下，鞠躬时要脱下帽子，戴帽鞠躬是不礼貌的。

2. 鞠躬时目光应该向下看，表示一种谦恭的态度，不可以一面鞠躬一面翻起眼睛看对方。

3. 鞠躬时，嘴里不能吃东西或叼着香烟。

4. 鞠躬礼毕直起身时，双眼应该有礼貌地注视着对方。如果视线移向别处，即使行了鞠躬礼，也会让人感到不是诚心诚意的。

日本人见面时一般不握手，而是习惯相互施鞠躬礼。鞠躬的深度表示对被问候人的尊敬程度。

日本人的鞠躬礼是双手搭在双腿上，鞠躬时双手向下垂的程度越大，所表示的敬意就越深。毕恭毕敬地鞠躬已成了日本人的礼仪习惯。

防卫与拒绝的肢体语言

跟坦诚相对的，就是那些防卫身体或情感免受攻击的姿势。有时候也表现出拒绝的情绪。

1. 双手抱胸

任何棒球迷都知道，当裁判的判决不能为一支球队的领队接受时，会发生什么事。领队会奔向裁判，挥舞双手或两手插在背后的裤袋内，可能在里面还握紧拳头，裁判看见对方跑过来，双手立刻抱在胸前，摆出防卫的姿态。等领队来到面前时，裁判可以坦然明确地表明他将维持他的判决，对方的争辩是徒劳的。裁判也可能转身背对不服气的领队，表示"你说得太多了"。

双手抱在胸前的姿态在日常生活中经常可见。照达尔文的说法，似乎这种姿势在全世界都是表示防卫。我们常常见到老师们摆出这种姿态，特别是在同事中间更常见到，医生在同行中也爱作出这样的姿态。小孩在反抗父母的说教时，也会这样。这似乎是对料想到的攻击所采取的一种警戒措施，或表示个人立场的坚定不移。

我们的研究表明，这种姿态最容易被别人了解，也很容易影响他人，很少有人不接受这种姿态的暗示。在四五个人中，你可以用双手抱胸的防卫姿态影响其他人。你在讲话或听别人讲话时保持这种姿态，其他人可能很快就会追随你，一旦有两个人采取这种姿态，你就会发现，这四五个人也许已分成两组，各行其是了。

在有关谈判的录相带中，双手抱胸的姿态很常见。大多数人在谈判的时候，不是没法了解、发现对方的感情和需要，只一味地强调自己的要求，或总是抱着请求、建议或者类似的态度而使对手采取防备的立场。此刻，使对手让步、妥协或其他形式的合作是很困难的。不幸的是，很多人只有在看到对手双手抱胸时，才意识到自己的错误。当对手双手抱胸时，可能表明他已想退出这番谈话，我们应该重新考虑对他所做或所说的事了。如果对对手不安、不同意或不满的初期征兆没有感觉，只会使自己陷入更难堪更复杂的境地，任何达成协议的努力都将是很痛苦的。

如果你不知道对方是防卫还是假装愉快的时候，请注意观察他的手：它们是握拳还是分开的？手指是否抓紧臂膀？如果是握拳的，或者手指抓紧臂膀，那对方采取的是一种防卫姿态。这种姿态好象不常乘飞机或精神紧张的旅客，在飞机超飞时，总是抓紧座椅的扶手。

还有一些常见的青春期女性的姿态。但它未必仅是表明防卫的态度，也许还是一种自信的表示，也可能是一种懒洋洋的表现，想伸个懒腰什么

的毕竟姿态不美，这种姿态反而让人感觉挺优雅。

2. 翘鼻子

一种似乎相当普遍的姿态，它表示不喜欢和拒绝。婴儿对不喜欢的食物，也会本能地"翘鼻子"，把他的小脑袋向后仰，好象在躲避讨人厌的气味。无疑，翘鼻子是一种拒绝的姿态。

3. 扭转身体

想去帮助一位宁愿自己过街的老太太过街时，你能了解她的表情是什么意思吗？也许她身体偏离你 45 度，虽然没说"不必，谢谢你"，但却是明显的拒绝的姿态。

姿态六大忌

一忌当众剪指甲。有的人在公共场所等人时会觉得无聊而"做些小动作"，比如剪指甲，或者用小指、钥匙、牙签等当众挖鼻孔或者掏耳朵，尤其是在餐厅等人时，这种不雅的小动作往往令旁观者感到非常恶心。

二忌随便吐痰。吐痰是最容易直接传播细菌的途径，而且非常没有礼貌并破坏、影响环境。吐痰时应该背对人，把痰抹在纸巾里，丢进垃圾箱，或去洗手间吐痰，但不要忘了清理痰迹。

三忌嚼口香糖发出叭叭声．嚼口香糖可以保持口腔卫生，但咀嚼的时候要闭上嘴，不能发出"叭叭"的声音。嚼过的口香糖应用纸包起来，扔进垃圾箱。

四忌当众挠头皮。有些人遇到麻烦的事情时常以抓挠头发的动作表示自己的心情，也有人是因为头皮痒而毫无顾忌地抓挠。如果是头皮屑多的人，顿时头皮屑飞扬四散，令旁人很不舒服。

五忌坐时乱抖腿。有些人坐着时会有意无意地双腿颤动不停，或者让跷起的腿像钟摆似的来回晃动，这也是不文雅的表现。

六忌当众打哈欠。在交际场合，打哈欠给对方的感觉是你已经不耐烦了。因此，如果你控制不住要打哈欠，一定要马上用手盖住你的嘴，跟着说"对不起"。

交往礼仪

自我介绍的礼仪

在人际交往中如能正确地利用自我介绍，不仅可以扩大自己的交际范围，广交朋友，而且有助于自我展示、自我宣传，在交往中消除误会，减少麻烦。自我介绍，即将本人介绍给他人。从礼仪上讲，作自我介绍时应注意下述问题：

1. 自我介绍的时机：

在有些场合有必要进行适当的自我介绍。如：应试求学时；在交往中与不相识者相处时；有不相识者表现出对自己感兴趣时；有不相识者要求自己作自我介绍时；有求于人，而对方对自己不甚了解，或一无所知时；旅行途中，与他人不期而遇，并且有必要与之建立临时接触时；自我推荐、自我宣传时；如欲结识某些人或某个人，而又无人引见，如有可能，即可向对方自报家门，自己将自己介绍给对方。

2. 自我介绍的注意事项：

（1）注意时机：要抓住时机，在适当的场合进行自我介绍，比如对方有空闲，而且情绪较好，又有兴趣时，这样就不会打扰对方。

（2）讲究态度：态度一定要自然、友善、亲切、随和。应镇定自信、落落大方、彬彬有礼。既不能委委懦懦，又不能虚张声势，轻浮夸张。表示自己渴望认识对方的真诚情感。任何人都以被他人重视为荣幸，如果你态度热忱，对方也会热忱。语气要自然，语速要正常，语音要清晰。

在自我介绍时镇定自若，潇洒大方，有助给人以好感；相反，如果你流露出畏怯和紧张，结结巴巴，目光不定，面红耳赤，手忙脚乱，则会为他人所轻视，彼此间的沟通便有了阻隔。

（3）注意时间：自我介绍时还要简洁，言简意赅尽可能地节省时间，以半分钟左右为佳。不宜超过一分钟，而且愈短愈好。话说得多了，不仅显得罗嗦，而且交往对象也未必记得住。为了节省时间，作自我介绍时，还可利用名片、介绍信加以辅助。

（4）注意内容：自我介绍的内容包括3项基本要素，即本人的姓名、供职的单位以及具体部门、担任的职务和所从事的具体工作。这3项要素，在自我介绍时，应一气连续报出，这样既有助于给人以完整的印象，又可以节省时间，不说废话。要真实诚恳，实事求是，不可自吹自擂，夸大其辞。

（5）注意方法：进行自我介绍，应先向对方点头致意，得到回应后再向对方介绍自己。如果有介绍人在场，自我介绍则被视为不礼貌的。应善于用眼神表达自己的友善，表达关心以及沟通的渴望。如果你想认识某人，最好预先获得一些有关他的资料或情况，诸如性格、特长及兴趣爱好。这样在自我介绍后，便很容易融洽交谈。在获得对方的姓名之后，不妨口头加重语气重复一次，因为每个人最乐意听到自己的名字。

介绍的方式方法

介绍有各种各样的方式，有正式介绍和非正式介绍；如果按被介绍者的人数来区分，有集体介绍和个别介绍；如果按介绍者来区分，有自我介绍和他人介绍；如果按被介绍者的地位、层次来区分，有重点介绍和一般介绍；如果按被介绍对象的性质和介绍采取的形式来区分，又有商业性介绍、社交性介绍和家庭成员介绍等等。

正式介绍是指在较为正式、郑重的场合进行的介绍。这里有两条通行的介绍规则：其一，是把年轻人介绍给年长的人；其二，是把男子介绍给女子。

在介绍过程中，先提某人的名字是对他（她）的一种敬意。这是一条放之四海而皆准的通则，在作介绍时，则可视当时的具体情形加以灵活应用。比如，要把一位姓张的男子介绍给一位姓王的女子，可以这样介绍："王小姐，让我把张先生介绍给你好吗？"然后就给双方作介绍："这位是张先生，这位是王小姐。"再如，把一位年纪较轻的女士介绍给一个大企业的主持人，则不论性别，均应先提这位企业家，可以这样说："总经理，我很荣幸能介绍王丽小姐来见您。"然后给双方作介绍。在介绍时，最好是姓名并提，还可附加简短的说明，像职称、职务、学校、爱好和特长等等。比如说："张总，这位是我的同学王丽，她刚从北京回来，是位专业舞蹈演员。王丽，这位是张然总经理，是我们公司的主持人。"

非正式介绍是指在一般的、非正式的场合所作的介绍。这种介绍不必过于拘泥礼节，假若大家都是年轻人，就更应以自然、轻松、愉快为宗旨。介绍人可先说一句"让我来介绍一下"，然后就作简单的介绍，也不必讲究先介绍谁和后介绍谁的规则。最简单的方式，莫过于直接报出被介绍者各自的姓名。当然也不妨加上"这位是"、"这就是"之类的话以加强语气。采用这种方法，可以使被介绍人感到亲切和自然。在把一个朋友向众人作介绍时，说一句"诸位，这位是周国萍"也就可以了。

一般介绍，是指日常生活中的人物介绍，它要注意两条原则：

第一，总是把男子先介绍给女子，例如说："毓秀，这是我的朋友李强。"然后转向你的朋友，"小李，这是王毓秀小姐。"

第二，在简单介绍中，必须先提女子的名字，后说男子的名字，如说："王毓秀小姐，这是李强先生。"

在作集体介绍时，特别是在正式的宴会上，如果你是主人，你可以按照当时各人的座次顺序进行介绍。也可以从身份特殊的贵宾开始介绍。方式如下："朋友们，同志们，我荣幸地告诉大家，清华大学教授胡祥三先生今晚出席了我们的宴会。这对大家来说，是件很愉快的事。现在，让我们对他表示热烈的欢迎。"（鼓掌）介绍之后，就可以让所有男女来宾自己去结识这位教授。或者，你也可以把所有来宾逐个地介绍给这位教授，但只提一下名字即可。如说："诸福明先生，刘玉生同志，倪静霞小姐……"等等。在你难以区别来宾的地位高低时，则可按当时他们所处的顺序进行介绍。如果你请来的客人是同学或亲密朋友，集体介绍时应不提其姓，如说："伟康，请认识一下我的朋友永德。"然后转向其他人说："这位是柏川、文豹、建国、寒生……"如果中间有女士，当然又要首先介绍她们。

当你跨进朋友家的门槛时，你就得面对一条不成文的规定：如果你是主人的朋友，那你就负有同他的其他朋友交谈的义务，就是说，若有好几个客人坐在一起而彼此视为陌路，这对主人是不礼貌的。如果主人忘记了作介绍或因为某种原因而没作介绍，你一样也可以与人相谈。你可以说几句赞美主人的话，或者谈谈新闻、天气之类的话。如果你想作深一步地交谈，就应适当表明自己的身份，比如说"我是姚琴的表兄"，或者"我是姚琴的同学，我叫徐珂"。这时，在场人自然也会作一番自我介绍。接下去，你们就可以自由交谈了。

有时，你为了某件事需要结识某人，在没有介绍人的情况下，你也可以直截了当地作自我介绍："我叫周爱莲，在某学校就读。"有时，你与对方虽有一面之交，但看得出来，对方已经不记得你了，这时你不妨这样作自我介绍："我叫徐珂，是你弟弟的朋友。"总之，如果能找出你和对方的某种联系作为介绍时的简注，这是件最好不过的事，但如果确实素昧平生，那也没什么关系，只要你彬彬有礼，对方自然也会以礼相待的。

如果你应约参加一个宴会，因为迟到，宴会已经开始，而你的主人又没能把你介绍给来宾。在这种情况下，你就应该来到宾客面前，这样作自我介绍："晚上好！各位，很抱歉来迟了，我叫李平，是同济大学的学生。"这样的介绍，就可以免除别人想要与你谈话，但却不知你是谁的尴尬局面。然后，你就可以向其他客人点头示意，并自行就座。

如果在其他场合下你迟到了，你可以作这样的自我介绍："晚安，各位同学。请允许我介绍一下自己，我叫江秋霞，在某中学上学。很对不起，我来迟了。"要注意的是，你不能随即就询问别人："请问各位尊姓大名。"这样，会使在座者感到突然和窘迫，甚至在某些场合会引起误解。

在非正式的场合，如果你不知道或记不清某位客人的姓名，也可以建

83

议他自我介绍："这位同学尊姓大名，可以请你告诉大家吗？"面对这种情况，多数被介绍者是会主动地把自己的姓名告诉大家的。当然，最好是尽量避免出现这种情况。如果你机智一些，也可用这样的话来摆脱窘境，如说："让我们大家来认识一下。我叫吴希，在某大学上二年级。"然后把眼光转向其他人，这样做，也就能把你忘记别人姓名的尴尬局面掩饰过去了。

作介绍需要注意的问题

前面已经说过，当给别人作介绍时，通常总是先将男子介绍给女子，把地位低的人介绍给地位高的人，把未婚女子介绍给已婚女子，把年轻的介绍给年长的。当被介绍的人性别相同，或无法辨别其身份、地位和年龄大小时，则不存在先介绍谁的问题，可以随意介绍。

在作介绍时，语音的清楚十分重要，务必使对方能够听清，决不要咕哝含糊。在自己家里，如有不相识的客人坐在一起，应主动站起来（年长者可以坐着）向大家作介绍。介绍时，一般不要称其中某人为"我的朋友"，因为这似乎暗示另外一些人不是你的朋友，显得不友善也不礼貌。这时，被介绍者的礼节是起立向大家点头致意，并表示对能认识大家很高兴

按照目前社会上的情况，人们一般都不习惯"毛遂自荐"，即主动地自报姓名。所以，如果你由于某种理由要知道某人的名字，最好是先找个第三者作一打听，如问："那位穿西装的是谁呀？"当你了解到这位被问者名叫"周以行"之后，在你和他正式见面时就可以放心地说："你好，周以行老师。"无论如何，决不要莽撞地去问人家："你叫什么名字？"这样显得太唐突。如果万不得已，也应该说得婉转一点："对不起，不知该怎么称呼您。"

在社交场合，"先生"是对男性成年人的尊称，"夫人"是对已婚妇女的尊称，"女士"或"小姐"是对未婚或认定尚未达到婚龄的年轻女子的尊称。但是，不可对人既称先生又加上别的头衔，例如，不能称作"谢志诚教授先生"，但可以这样介绍："这位是哲学教授谢志诚先生。"介绍前，如果介绍人能找出被介绍者双方的某些共同点，这就最好不过了。例如甲和

乙的弟弟是同乡，甲和乙是相距多少届的校友，等等，这样，无疑会使初识的双方在交谈时更加顺利。

当介绍人作了介绍以后，被介绍的双方就应该互相问候说："你好!"如果在"你好"之后再重复一遍对方的姓名或称谓，则更不失为一种亲切而礼貌的反应。对于长者或者较有名望的人，重复对其带有敬意的称谓无疑会使对方感到愉快。同时，将对方的名字重复一遍还可以加深你自己的记忆。如果当时你没有听清或者没有记住对方的名字，当然也就只有说"你好"而已，不过这样也算很得体了。至于讲话时的语气，那要看你所想表达的感情如何而定，你既可以采用兴奋的口吻，也可以采用较随便的腔调，但按照社交的习惯，即使你不喜欢甚至厌恶某人，也不应妨碍你对当事者的彬彬有礼。另外，你也不要对你尊敬的人显得过于殷勤，诸如满口"久仰大名"，"能认识您我感到万分荣幸"之类，因为这样便容易显得矫揉造作和缺少诚意。如果你确实很高兴，自然可以在"你好"之后加上"见到您很高兴"、"早就想见到您"或"常常听婉芬说起您"之类的话，但一定要注意自己的语气和腔调，它们往往比词句本身更能表明你的态度。一个人的真诚或虚假，热情或敷衍，往往可以通过语调表露出来。

当你和一位年长的人谈话时，尽管你和他早已认识，在每句话末仍需称××先生或××夫人，除非他本人坚请你称呼他的名字。如果对方是一位哲学博士，你应当称呼其××博士，而不要称呼××先生，因为前面的称呼更来得尊敬。当你第一次遇到一位妇女时，未经允许，你决不要称呼她的名字。如果她称呼你的名字时，她就会告诉你也可称呼她的名字。一般来说，当妇女被介绍给男子时，她可以坐着不动，只需点头或微笑示意就行了。

同学交往中应把握的原则

如何运用社交礼仪，怎样才能发挥礼仪应有的效应，怎样创造最佳人际关系状态，这同双方彼此遵守礼仪的原则密切相关。具体应注意如下几个方面：

1. 真诚和尊重的原则

苏格拉底曾言："不要靠馈赠来获得一个朋友，你须贡献你诚挚的爱，学习怎样用正当的方法来赢得一个人的心。"可见在与人交往时，真诚和尊重是礼仪的首要原则，只有真诚待人才是尊重他人，只有真诚尊重，方能创造和谐愉快的人际关系，真诚和尊重是相辅相成的。

苏格拉底

真诚是对人对事的一种实事求是的态度，是待人真心实意的友善表现，真诚和尊重首先表现为对人不说谎、不虚伪，不骗人、不侮辱人，所谓"骗人一次，终身无友"；其次表现为对于他人的正确认识，相信他人、尊重他人，所谓心底无私天地宽，真诚的奉献，才有丰硕的收获，只有真诚尊重方能使双方心心相印，友谊地久天长。

真诚尊重当然是重要的，然而在社交场合中，过分的真诚和尊重也表现为许多误区，一种是在社交场合，一味地倾吐自己的所有真诚，甚至不管对象是谁；一种是不管对方是否能接受，凡是自己不赞同的或不喜欢的一味的抵制排斥，甚至攻击。如果在社交场合中，陷入这样的误区也是糟糕的。所以在社交中，必须注意真诚和尊重的一些具体表现，在你倾吐衷言时，有必要看一下对方是否是自己真能倾吐肺腑之言的知音，如对方压根儿不喜欢听你的真诚的心声，那你就徒劳了。另外，如果对方的观点或打扮等你不喜欢、不赞同，也不必针锋相对地批评他，更不能嘲笑或攻击，你可以委婉地提出或适度地有所表示或干脆避开此问题。有人以为这是虚伪，其实非也，这是给人留有余地，是一种尊重他人的表现，自然也是真诚在礼貌中的体现，就像在谈判桌上，尽管对方是你的对手，也应彬彬有礼，显示自己尊重他人的大将风度，这既是礼貌的表现，同时也是心理上战胜对方的表现。要表现你的真诚和尊重，在社交场合，切记三点：给他人充分表现的机会，对他人表现出你最大的热情，永远给对方留有余地。

2. 平等适度的原则

在社交场上，礼仪行为总是表现为双方的，你给对方施礼，自然对方也会相应地还礼于你，这种礼仪施行必须讲究平等的原则，平等是人与人交往时建立情感的基础，是保持良好的人际关系的诀窍。平等在交往中，表现为不要骄狂，不要我行我素，不要自以为是，不要厚此薄彼，更不要傲视一切，目空无人，更不能以貌取人或以职业、地位、权势压人，而应该处处时时平等谦虚待人，唯有如此，才能结交更多的朋友。

适度原则即交往应把握礼仪分寸，根据具体情况、具体情境而行使相应的礼仪，如在与人交往时，既要彬彬有礼，又不能低三下四；既要热情大方，又不能轻浮诏谀；要自尊却不能自负；要坦诚但不能粗鲁；要信人但不能轻信；要活泼但不能轻浮；要谦虚但不能拘谨；要老练持重，但又不能圆滑世故。

3. 自信自律的原则

自信的原则是社交场合中一个心理健康的原则，唯有对自己充满信心，才能如鱼得水，得心应手。自信是社交场合中一份很可贵的心理素质。一个有充分自信心的人，才能在交往中不卑不亢、落落大方，遇到强者不自惭，遇到艰难不气馁，遇到侮辱敢于挺身反击，遇到弱者会伸出援助之手；一个缺乏自信的人，就会处处碰壁，甚至落花流水。

自信但不能自负，自以为了不起的人，往往就会走向自负的极端，凡事自以为是，不尊重他人，甚至强人所难。那么如何剔除人际交往中自负的劣根性呢？自律原则正是正确处理好自信与自负的又一原则。自律乃自我约束的原则。在社会交往过程中，在心中树立起一种内心的道德信念和行为修养准则，以此来约束自己的行为，严以律己，实现自我教育，自我管理，摆正自信的天平，既不必前怕虎后怕狼的缺少信心，又不能凡事自

以为是而自负高傲。

4. 守信宽容的原则

孔子说："民无信不立，与朋友交，言而有信。"强调的正是守信用的原则。守信是我们中华民族的美德，在社交场合，尤其讲究一是要守时，与人约定时间的约会、会见、会谈、会议等，决不能拖延迟到。二是要守约，即与人签订的协议、约定和口头答应他人的事一定要说到做到，即所谓言必信，行必果。所以，在社交场合，如果没有十分的把握就不要轻易许诺他人，许诺做不到，反落了个不守信的恶名，从此会永远失信于人。

宽容的原则即与人为善的原则。在社交场合，宽容是一种较高的境界。《大英百科全书》对"宽容"下了这样一个定义："宽容即容许别人有行动和判断的自由，对不同于自己或传统观点的见解的耐心公正的容忍。"

宽容是人类一种伟大思想，在人际交往中，宽容的思想是创造和

孔 子

谐人际关系的法宝。宽容他人、理解他人、体谅他人，千万不要求全责备、斤斤计较，甚至咄咄逼人。总而言之，站在对方的立场去考虑一切，是你争取朋友的最好方法。

同学之间莫攀比斗富

随着社会经济的发展，人们对财富的理解逐渐发生了变化，对金钱和奢华的过分追求成为一小部分人的生活目标，奢华风同样不可避免地刮进了校园。一些学生受社会风气的影响，和同学之间互相攀比：印名片买手机，甚至个别富家子弟出门宝马，手提 LV，戴着钻戒进课堂，实与中华传统节俭美德不相符。

一些学生当中也开始流行互赠名片。虽然不可一概而论，但这多少反映了部分学生追求时尚的心理，不可避免地增加家长的经济负担。有些同学还将父母的官职、家庭收入都印在了名片上，这种行为则是炫耀家庭的不健康行为，引起众多老师及家长的关注。

学生互赠名片，从根本上弊大于利。部分学生名片上显示的荣誉、财富都是属于父母的，不是学生应该拿来炫耀的资本。但这样简单的道理，学生还不是很理解。长此以往，会助长同学之间比父母、比家庭财富的不良风气，不但影响学习，还会影响同学团结和心理健康。另外，这些名片一旦落入不

互赠名片

法分子的手中，很可能会严重威胁到自己以及家人的人身、财产安全。除非有特殊的活动，比如联谊会什么的，大部分时间里中小学生的活动范围都很小，所接触的人也只是熟悉的同学、老师而已，如果大家要加强联系，只要一本通讯录就足以解决问题，何必去印制名片？一位重点初中的学生表示："在学校里炫耀的风气经常有，不仅仅是发名片，比如一些家庭好的同学买了新手机都要跟大家公布一下，生怕别人不知道。我觉得这种行为

交往礼仪

根本没必要，因为这不是自己劳动所得，没什么可值得炫耀的。"

学生爱炫耀是一种符合年龄发展的正常现象，一些孩子争强好胜，有了成绩沾沾自喜是不可避免的。但什么成绩值得炫耀？什么是不能炫耀的？这些问题孩子需要在成长中不断学习，也需要教育者加强引导，给孩子指明正确的发展方向。

同学之间朝夕相处，暗中比较是难以避免的。孩子应该从小建立正确的思想观，先天的条件不是自己能力所建造的，不能够随意攀比。比如自己家庭条件很好，总是把一些先进的物品拿来向同学展示，自己的财富多于他人，不停地炫耀。类似的比较实际上是父母劳动的结果，跟自己的后天努力没有关系。这些行为虽然满足了自身的虚荣心，却难免伤害到其他同学。

攀比的心理还反映出学生的独立能力，同学之间可比较的应该是属于自身创造的价值，比的是个人的奋斗结晶。例如学习成绩、创造能力、思维能力，这些都是靠个体打造的，是每个人自身不断努力的见证和结果。这种比较不仅可以彼此激励，还可以培养学生的独立潜能。

陶行之

教育家陶行之有一首著名的《自立歌》："滴自己的汗，吃自己的饭，自己的事自己干，靠人靠天靠祖上，不算是好汉。"这充分说明，学生的成绩应该靠自己不断实践，值得骄傲的资本应该是个体辛勤建造的。

同学间应该互敬互爱，不要向对方公开自己的家庭财富，父母的工作头衔、社会地位不应成为炫耀的资本。个人财产应该妥当保护，一些贵重物品，如新手机、高档电脑、新款 MP3 等如无特别需要不必带入校园，以免给同学故意炫耀之感。

　　某些学生的炫耀性消费也会给家庭条件较差的学生带来心理压力。买不起名牌的学生有的会选择购买假名牌。因此，校园里有些学生在倡导高消费和超前消费的同时，他们的虚荣心态和炫耀行为也造成了一种示范效应，这对很多学生都会产生一种外部压力。类似的行为应该杜绝。

同窗好友间应注意的礼仪

　　中学生在校接触、交往最多的，还是同学。同学共同生活在一个集体中，应共同创造学校的文明环境，共同创造团结奋进、生动和谐的气氛，并在这种环境和气氛中携手共进。因此，同学交往之中的礼仪是必须注意的。

　　一、同学交往要以互相尊重、互相谦让、互相帮助为要：

　　（1）同学间要互相尊重。相见应互相问好，分别应互相道别。相互间可以直接以姓名相称，但称呼要礼貌：在校不宜称小名，不能给同学起绰号或带侮辱性称号。不要把粗鲁的打招呼当作是亲近的表示和直率的表

同学交往

现。要尊重同学的自尊心，不要讥笑同学的生理缺陷和其他缺点，对女生更不能评头论足。不要不切实际地恭维，也不要触及使人伤心、羞愧的事，不要当众使人难堪。未经允许不要动用别人的东西，不乱翻同学的书包和抽屉，更不要出于好奇心而私拆别人的信件，翻看别人日记，不要打听与自己无关的私事。

　　（2）同学间要互相谦让。同处一个集体中的同学，大家享受的权利都

交往礼仪

是平等的，但又不可能样样事事都做到人人平等，如座位有正有偏、床铺有上有下、行路有先有后……大家应互相谦让。例如教室的座位，视力较好的同学应让视力较差的同学坐在前；宿舍的床铺，身体好、动作灵便的同学应让身体弱小的同学睡下铺；行路时也要礼让，不要拥挤、争抢或推搡。在同学间发生争执和误会的时候，各自主动作自我批评，这也是一种谦让。在这些方面，学生干部和共青团员要起带头作用，不能有丝毫优越感，而在同学面前显得霸气十足。

同学间互相帮助

（3）同学间要互相帮助。无论在思想上、学习上还是生活上，只要同学有困难，就应主动地予以关心和帮助，不应袖手旁观，更不能兴灾乐祸。同学思想上有疙瘩解不开，可以找他谈心，帮他从苦恼中解脱出来；学习上的好经验、好方法可以和同学交流，解题的好思路可以向同学介绍；同学在生活上有了困难，也可以尽自己的能力给予帮助；在劳动中要主动照顾年小体弱的同学和女同学；同学生病，更应主动照顾。

二、和同学具体交往中的礼仪

和同学具体交往中的礼仪要注意的有：

（1）求助。同学们在学校生活中不可能不需要其他同学的帮助。在请求帮助时，一定要有礼貌，要用请求和商量的口吻，不要用命令的口吻。事前说"请"，事后要道谢。而且要看对方是否方便，不应强求，不要提出别人达不到的要求，应以不妨碍别人正常的学习和生活为度。

（2）借物。自己偶尔忘带或暂时没有的学习、生活用具，可以向同学借用，但一定要先征得别人同意，不能自行取用而不打招呼。借用别人的东西一定要爱惜，用过后应及时归还，归还时不要忘记道谢。若借用的东西使用时损坏了，一定要及时说明情况并尽快赔偿。

（3）交谈。和同学的交谈态度要诚恳、谦虚，语调要平和，不要装腔作势；在听同学说话时，态度要认真，不要漫不经心。不要轻易打断别人的说话，若要插话或提问，一定要打招呼。同学说错了，也应在不伤害别人自尊心的情况下，委婉地指出。

（4）批评。同学间应开展批评和自我批评。在批评的时候，一定要从团结的愿望出发，持诚恳的态度。事实要确凿，分析要中肯，甚至可结合自己有过的教训作劝导，让人易于接受。推心置腹的批评，会让接受批评的同学也心情舒畅。

怎样获得"好人缘"

在一个学生集体中，常常会出现这样的情况：有些人学习成绩平平，看起来很平凡，但人缘极好，同学们都愿意和他来往；有的人各方面都很优秀，却一点都不讨人喜欢，一个知心朋友也没有。最突出的例证便是，当班里出外活动时，大家几乎都不愿意跟他在一组。这是为什么呢？原因就在于这些同学往往自视甚高，恃才傲物，平日言行举止不加自制，伤害了他人的自尊心，以致渐渐遭到大伙儿的抵制，被大家孤立。

那么，究竟应该如何注意礼貌修养，才能达到团结同学，获得良好人缘的目的呢？

1. 平时要主动与同学打招呼，对同学要热情而有礼貌，无论何时何地，都不可有居高临下的神态，不可用命令的口气和同学说话。

2. 学会用柔和的眼光注视别人，用微笑与人相处。俗话说"出门看天色，进门看脸色"，眼神和微笑传递的信息比言辞更真实，通过眼神和微笑，可以真切地传达出你对对方的欣赏、理解和友好。

3. 当同学遇到困难或发生不幸时，不能漠然无视，更不可兴灾乐祸，挖苦讽刺，应怀着真诚的同情心，尽力帮助他们摆脱困境。

4. 应多肯定同学的进步和优点。发觉同学的优点时，不妨坦白地说出来，但又不阿谀奉承，更不能面前一套，背后一套。不要当众挖苦同学，揭同学的短处。

5. 不在同学面前说长道短，搬弄是非。

6. 课余时间多和同学一起交谈，同游戏，同欢笑，增进了解，而不可自傲。身为班干部的同学，更应注意与其他同学打成一片。

7. 遇事要提得起，放得下，不斤斤计较。对别人宽宏大量，多为别人着想，不要大事小事都找老师打"小报告"。

8. 讲究信用，一诺千金。答应同学的事便要尽力办到，做不到时要表示歉意，求得谅解。

和谐友爱的男女生关系

尽管现在社会已比以前较为开放，但对许多中学生来说，男女同学之间如何相处仍然是一个敏感的问题。在一些学校里，男女生之间的来往往往被看做不正常的表现，处理起来 总是有些别扭。例如：上体育课排队，如果哪两个男女同学被排得较近，就有人冲他们干咳或发出兴灾乐祸的怪笑声；班里哪个男干部帮女同学做了一点事情，就被众人起哄，或被称为"妇女主任"；甚至是不在同一个班的弟弟给姐姐送点东西，也会被同学哄个大红脸……

男女同学之间究竟是什么样的关系呢？这本来是一个很简单的问题：大家坐在同一间教室里上课，生活在同一个集体里，接受同样的教育，同样希望成为对国家对人民有用的人。道路相同，目标相同，既然这样，男女同学之间就应建立团结友爱的关系，象兄弟姐妹一样，生理上的区别丝毫不该影响这种关系的建立和发展。

而另一种情况也是存在的，这就是，在一些学校中，男女学生之间的关系非常亲密，甚至已经破除了男生与女生之间应有的礼仪界限。更有些中学生，小小年纪便陷入"早恋"的沼泽地。

那么，男女同学该如何相处，才是正常的、合乎礼仪的呢？

1. 既大方又有分寸，既尊重自己又尊重异性同学。男女同学相处不要拘泥作态，要落落大方，彼此尊重。提倡男女同学打破界限，友好相处，并不等于毫无界线。男女毕竟有别，和异性动手动脚、打打闹闹，开出格的玩笑，这些都是不尊重异性，也是不自爱的表现，要坚决避免。对异性同学我们还要一视同仁，真诚相待，不要只和一个异性同学要好，更不要有杂念，防止感情悄悄滑向早恋这一边。

男女生友好交往

2. 光明磊落，理直气壮。有一个例子很能说明问题：有一次放学时赶上下大雨，一位男同学看见邻座的女同学没带雨具，就和她共打一把伞，把她送回家。没想到，在半路上被几个男同学看到了，他们立即围着他起哄，他被哄了个大红脸。第二天早上，班里就传开了流言蜚语，有些同学不怀好意地追问他是否有这回事，他不好意思，吞吞吐吐不敢承认。后来他想，自己没有做见不得人的事，干嘛要躲躲闪闪说谎话呢？于是，当有同学再问他："那天你打伞送谁回家啦？"他回答得十分干脆："我送×××同学回家了，你有什么事吗？"那个同学自讨没趣地走了。

可见，只要自己做得对，就不必计较别人的非议。理直气壮，该怎么做就怎么做，流言很快就会自行消失。

3. 积极参加集体活动，建立团结友爱的班集体。经常开展集体活动，对男女同学建立正常、友爱的关系是十分有益的。我们可以看到，凡是集体活动开展得好的班级，男女同学的关系就会相处得很好，班风健康向上。为什么呢？这是因为集体活动活跃和丰富了同学们的课余生活，增加了同学间的相互了解，也激发了同学们的集体主义观念。例如，在春游、野炊活动中，男生帮女生拿东西，女生在野餐时主动烧火做饭，大家一起打球、唱歌、吃饭，男女同学的关系一下子就会融洽起来。在体育或歌咏比赛时，同一集体的男女同学齐心协力，往往会取得好成绩，这就生动直接地激发出男女同学互相帮助，团结友爱的热情。

当男女同学手拉着手，像兄弟姐妹一样友好相处互助，纯真无瑕的友谊，就一定能成为激励同学们共同进步的巨大力量！

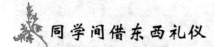

同学间借东西礼仪

学生具有良好的交往礼仪不仅有利于交往的畅通，也体现着自身的文化修养。日常生活中，需要使用别人物品应该征得主人允许，这是学生学习如何待人接物的重要环节，是发展学生社会技能的重要任务。通过一件件小事，应该养成善于发展良好的交往能力，培养自身礼貌的行为习惯。

《中学生日常行为规范》中规定：未经允许不进入他人房间、不动用他人物品、不看他人信件和日记。类似的条款在很多学校规章制度中较为常见，但一些学生对此并不重视，有时甚至认为朋友之间可以不分彼此。

初中学生黄宁表示："现在学生中手机的普及率挺高的，我的新手机买了不到两天就被同学拿走了，虽然他把他的手机留给我，说是换两天使使就还，但从心里上讲我并不愿意。"如果说中学生对这样的基本礼仪还不了解的话，大学中却也同样存在着不打招呼就使用别人物品的问题。一位重点高校的学生崔佳告诉记者："寝室中某位同学买了电脑，有时候就成了公用的，室友们有时问都不问就随手把机器打开，走时又不关机。这种行为非常令人反感。我觉得使用这样贵重的物品应该事先征得主人的同意，更何况电脑中有很多贵重的资料或者一些隐秘的文件，同学间应该彼此尊重，不能随意使用他人物品。"

使用他人物品要事先征求主人的意见，经过允许才能够顺理成章地使用，否则不仅丢失了基本的礼貌，也会损害彼此之间的关系。这个道理看似简单，但我们平时忽略掉这些规则，也等于忽略了他人的感受。

清代的《弟子规》明确地告诉世人"不商量就拿叫做偷"。虽然今天我们不能一概而论，但不打招呼就随意使用他人物品却是非常不礼貌的行为。北京人讲求"礼数"，进房间前要先敲门，即使是空屋子，我们也应该遵循这样的程序，以免给人唐突的感觉，造成不必要的误会。这个"礼数"体现的就是一种做事为人的规则。

同学之间的友谊需要互相包容、细心经营。使用同学的物品，应该礼貌对待，征求了主人的意见，会让对方有受到尊重的感受；相反莽撞行事，不仅导致误会产生，也会令彼此的关系变得淡漠。因此，同学间应该提倡尊重他人，养成良好的交往习惯。注重礼仪文明培养，是保障彼此关系和谐健康发展的基础。

　　使用他人物品应该征求主人的同意，同学间即使关系亲密，也应该事先打好招呼，不要想当然地认为关系好就随意动用他人物品。

　　在学校应该爱护设施，对公共财产有责任保护。在未经得允许的条件下，不可使用校内设施，以免造成损坏。

　　同学间使用他人贵重物品，如手机、电脑等，要格外爱护。借用物品提前约定好时间，定期归还。

与后进生相处须注意的礼仪

　　假如你是班上的学习尖子，你是否感觉到与班里的后进生极难相处？是否觉察到他们不喜欢接近你，还常常找点小事讽刺打击你。而令你矛盾和为难的是，老师又常常要你帮助他们提高成绩，共同进步。这时候，你该怎么办呢？

　　有一位担任班级学习委员的女中学生讲述了这么一个亲身经历的故事：

　　王琳当选学习委员的那一天，向同学们诚恳地说："既然大家信任我，选我当学习委员，我非常愿意为大家服务，谁在学习上有什么不懂的地方，随时可以来问我，我一定热情帮助。"可时间一天天过去了，班上成绩落后的同学却没一个来找她。王琳觉得很纳闷，她以为这些同学是怕麻烦她而不好意思来向她请教。于是，她主动去询问这些后进生。

　　有一天上早读课，大家都在读英语单词，她却看见有一个同学正在做数学题。于是她走过去对这个同学说："你哪道题不会，我来帮你！"没想到这个同学一脸不客气："去去去，别以为就你行，我才不稀罕呢。"王琳听了，心里委屈极了。但事后一想："也许是自己的方法不对头吧？我得找一个能让他们接受帮助的方法。"于是，她请教了班主任，经过了一番冷静的分析与思考，又经过一段时间的实践，终于摸索到了与后进生融洽相处的一套方法。她是这样介绍自己的心得的：

1. 作为学习成绩好的学生，不能鄙视成绩差的学生，要保护他们的自尊心，尊重他们的人格。成绩落后的同学并不甘心成绩不如别人，但又不愿意让别人认为自己成绩不好。于是，他们宁可不会，也不肯当着别人的面去请教其他同学。所以，要真心真意地帮助这些后进同学，就不能伤他们的自尊心。

2. 敢于嘲笑自己的缺点和不足。让别人了解自己，看到自己也有缺陷拉近自己与后进生的心理距离。自己说错了一句话，做错了一道题，都敢于当众承认并虚心地向别人请教，时间长了，和学习成绩差的同学的关系，自然而然便变得亲密融洽了。

3. 既看到后进生的不足，也看到其长处。俗话说，"尺有所短，寸有所长。"学习成绩不好的同学身上往往有一些其它特长是其他人一般不具备的。肯定他们的长处，尊重客观事实，既满足了他们的自尊心，又促使自己观照到自身的不足，理解到"凡人凡事都要一分为二"这一处世哲理的深刻，从而使自己能更加谦和亲切地与后进生相处。

4. 讲究方式方法，要有恒心不怕碰钉子。其实，后进的同学总是希望有人帮助的，如果能运用适当的方法，让他一而再、再而三地感受到你的热情而真挚，他便会转而接受你的帮助，并从心底里感激你。

不伤和气的争辩妙招

在人际交往中，每个人都会碰到相异于自己的人。大至思想观念，为人处事之道，小至对某人、某事的看法—评论。这些程度不同的差异都会外化成人与人之间的争执与论辩。留心我们四周，争辩几乎无所不在：一场电影，一部小说，一个非凡事件，某个社会问题都能引起争辩；甚至连某人的发式与妆饰也能引起争辩。从某种意义上看，不同见解的争辩过程玉是寻求真理的过程。辩论，就是为了探求真理，坚持真理，维护真理而相互劝说。然而由于论辩的任何一方都想推翻对方的看法，树立自己的观点，故此，辩论和平常说话不同，它是带有"敌意"的语言行为，因而有所谓唇枪舌剑之说。于是，大凡争论留给我们的印象都是不愉快的，最轻易使我们良好的交际愿望落空。假如你能够在论辩之前多投入一些思考，在论辩结尾搞好"善后"工作，就能使你在辩论这种非凡交际场合，既做到个人心情愉快，探求了真理，又不伤人际和气。

友好的辩论赛

一、为争辩定下一个积极的格调

（一）避免无益的争辩

当你意识到自己的想法、意见与人相左时，当你的言行遭人非议时，你的本能大概就是奋起辩驳。许多毫无意义的事情往往就在这时发生了。为了避免无益的辩论，此时，你需对如下问题进行冷静思考：

1. 假如你能最终获得争辩的胜利，它有什么意义？没有什么积极意义，大可不必动用你的"唇枪舌剑"，一笑置之最妙。同样，你向别人提出"挑战"的时候，一定要选择有价值的，通过争论使自己和他人都能受到启发和教育的问题，不必在那无关宏旨的细节琐事上做文章。

2. 你的辩论一番的欲望更多的是基于理智还是感情原因？

诸如虚荣心、表现欲望或面子上下不来。假如是感情原因，大可就此打住。同样，我们向人提出问题是否有感情的因素？如有，就同辩论的实质——探求真理背道而驰了。所以最好别去做这种不积极的提示而把他人引入无谓争辩的歧途。

3. 对方是布满敌意的吗？他对你有深刻成见吗？假如是，那么在这种非理性的氛围中最好不要再火上浇油。同样，假如你是处于这样一种心境，绝对不要向对方提出论题辩论，因为此时你提不出理性的论点，在辩论伊始，就注定了你失败的命运。

（二）使争辩成为一种愉快的、和平的思想交换

辩论是为了明是非，求真理。只要我们的辩论出自公心、就能采取积极的态度，使用积极、文明、恰当的论辩语言去参加辩论。

1. 树立正确的辩论价值观，即为追求真、善、美而去积极地争辩。做到观点正确，旗帜鲜明。

2. 树立正确的辩论道德观。把辩论置于科学基础之上。以理服人，让事实说话。辩论者要有高深的涵养；不搞诡辩，不揭隐私；不搞人身攻击；不把观点的敌对引申为人际的敌对；不靠嗓门压人，有理不在声高，假如你能有制有节的音调语气道出你的理，其效果不亚于如雷贯耳。

3. 用真情、善意、美感与人辩论，就能做到晓之以理、动之以情。理与情恰恰是列车通往"积极争辩"的双轨，缺一不可。有位诗人说过，全是理智的心，似乎一把全是锋刃的刀，让使用它的人满手流血。在争辩中，"理"是争的目的和取胜的保证。然而人又是感情动物，假如你在论辩中既能做到以理制理，又能以情明理，你的辩论将会成为一种愉快的、和平的思想交流。你们彼此会以这样的话语来结束论辩："听君一席话，胜读十年书。您让我心服口服。"真正是既争出了公理，又增进了人际和谐，达到了积极论辩的目的。

二、把握"解剑息仇"的妙方

经过一阵唇舌剑，胜败已成定局。做好辩论的善后工作，具有非常重要的意义。在生活中，观点的对立极易产生人际间的隔阂。因此，学习辩论语言既要学会辩论技巧，更要懂得如何"解剑息仇"，这是在辩论这种非凡交际场合下，社交者做到言谈有"礼"的最高境界。下面就是使你达到这最高境界的三个途径：

1. 假如你失败了，而且败得其所，必须要有敢向真理低头的胸怀。向真理低头并不等于向论辩者本人低头。在真理面前人人平等。你所服从的是对方所道出的真理，只能说你同他一样，对真理有了同等水平的熟悉。在人格上你们永远是平等的。所以，当你败下阵来的时候，应该以坦诚的态度来表达自己在这场争辩中所受的教益，以此道出你人格的伟大。在心理上足以弥补因辩论失败所造成的遗憾。

2. 假如你在辩论中已经眼见对方哑口无言，败势已定，便应拿出不杀降者的气势来，一是主动打住话题，结束对立场面；二是巧妙地对为对方搭个台阶，让他在不失面子的前提下得以"平安下台"，胜败自是彼此心照不宣，何不抓住重归于和平的机会呢?

3. 假如你因辩论的需要而已经把对方打得一败涂地，切不可为了一点点虚荣把旗帜挂在脸上。人在自得时，克制更是一种美德。争论结束后，给对方端一杯茶，笑言一句:"瞧我们像孩子一样，这么认真!"或轻松自如地转一个话题。请记住：争论是一回事，人际交情又是一回事。人性都有很软弱的一面，易被击垮也易被扶起，你只要说一两句得体的话语，便可恢复一个刚刚失去的心理平衡，让他重返愉快平静，那又何乐而不为呢。

优雅谈吐的"四有四避"

在交际中，人们使用礼貌用语通常要做到"四有四避"，即有分寸、有礼节、有教养、有学识，要避隐私、避浅薄、避粗鄙、避忌讳。

"四有"：

第一是有分寸。

这是语言得体、有礼貌的首要问题。要做到语言有分寸，必须配合以非语言要素，要在背景知识方面知己知彼，要明确交际的目的，要选择好交际的体式，同时，要注重如何用言辞行动去恰当表现。当然，分寸也包括具体的言辞的分寸。

第二是有礼节。

语言的礼节就是寒暄。有五个最常见的礼节语言的惯用形式，它表达了人们交际中的问候、致谢、致歉、离别、回敬这五种礼貌。问候是"您好"，离别是"再见"，致谢是"谢谢"，致歉是"对不起"。回敬是对致谢、致歉的回答，如"没关系"、"不要紧"、"不碍事"之类。

第三是有教养。

说话有分寸、讲礼节，内容富于学识，词语雅致，是言语有教养的表现。尊重和谅解别人，是有教养的人的重要表现。尊重别人符合道德和法规的私生活、衣着、摆设、爱好，在别人的确有了缺点时委婉而善意地指出。谅解别人就是在别人不讲礼貌时要视情况加以处理。

第四是有学识。

在高度文明的社会里，必然十分重视知识，十分尊重人才。富有学识的人将会受到社会和他人的敬重，而无知无识、不学无术的浅鄙的人将会受到社会和他人的鄙视。

"四避"：

第一是避隐私。

隐私就是不可公开或不必公开的某些情况，有些是缺陷，有些是秘密。在高度文明的社会中，隐私除少数必须知道的有关人员应当知道外，不必让一般人员知道。因此，在言语交际中避谈避问隐私，是有礼貌的重要表现。欧美人一般不询问对方的年龄、职业、婚姻、收入之类，否则会被认为是十分不礼貌的。

第二是避浅薄。

浅薄，是指不懂装懂，"教诲别人"或讲外行话，或者言不及义，言不及知识，只知柴米油盐，鸡猪猫狗，张长李短，男婚女嫁。言辞单调，词汇贫乏，语句不通，白字常吐。假如浅薄者相遇，还不觉浅薄，但有教养、有知识的人听他们谈话，则无疑感到不快。社会、自然是知识的海洋，我们每个人都不可能做万能博士或百事通。我们应当学有专攻又知识渊博，但总有不如他人之处，总有不懂某种知识之处，要谦虚谨慎，不可妄发议论。

第三是避粗鄙。

粗鄙指言语粗野，甚至污秽，满口粗话、丑话、脏话，上溯祖宗、旁及姐妹、下连子孙、遍及两性，不堪入耳。言语粗鄙是最无礼貌的语言。它是对一个民族语言的污染。

第四是避忌讳。

忌讳，是人类视为禁忌的现象、事物和行为，避忌讳的语言同它所替代的词语有约定俗成的对应关系。社会通用的避讳语也是社会一种重要的礼貌语言，它往往顾念对方的感情，避免触忌犯讳。下面是一些重要避讳语的类型：

首先是对表示惧怕事物的词的避讳。比如关于"死"的避讳语相当多，就是与"死"有关的事物也要避讳，如"棺材"说"寿材"、"长生板"等。

其次是对谈话对方及有关人员生理缺陷的避讳。比如现在对各种有严重生理缺陷者通称为"残疾人"，是比较文雅的避讳语。

最后是对道德、习俗不可公开的事物行为的词的避讳。比如把到厕所里去大小便叫"去洗手间"等。

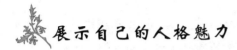

展示自己的人格魅力

人格就是人的样子，是人的心态、品格、个性、气质和行为方式的基本特征。展示自己的人格魅力就是表现真实的自我——自己自觉自愿表现出来的自我形象，而不是迫不得已装出来的样子。

现实生活中绝大多数的人即不是真正的君子也不是纯粹的小人，虽然境界不是很高但品行不差，修养不是很深但不乏良知，知识不够渊博但不假充权威……这些表现谈不上完美，但绝对比极力掩饰要可爱。

人格魅力不是追求完美，而是发展积极的心态，表现真实的自我。

表现真实的自我必须克服以下思维误区：

1. 我绝不能暴露自己的感受如何，我的欲望是什么，除非这些感受和欲望使别人高兴和满意，会给人好印象。如不能说："我不相信你"、"我喜欢与异性交往"。

2. 我绝不能对别人表示不满，流露出厌烦得意思，我要把这种不赞成、不满意、不喜欢的意思藏在心底，不能让人知道，以免惹是生非，得罪他人。

3. 我不能暴露自己的缺点和笨拙，不能让别人瞧不起我。如我不参加自己不善长的活动，我不在公共场合发言。

4. 我不能表露"我认为如何"、"我想怎么办"，以免授人把柄说自己骄傲自负。因此即使有看法也不说。

5. 我不能表现得与众不同，不能太惹人注目。树大招风，枪打出头鸟，与众不同就会遭人排挤攻击，还是随大流安全。

交往礼仪

如果你此时还有这种想法，请赶快与它们彻底决裂。也许你会暂时遭到冷落，但最终赢得会更多。

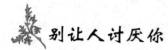

别让人讨厌你

学校中，同学之间发生矛盾，究其根源，常常由于开玩笑引起。不适当的玩笑，会使人感到受到侮辱，必然要抗争以维护自己的尊严，处理不好，就会发生争执。

学校也是社会的一部分，同学相交以诚为本，贵在互相尊重，而按照有关的礼仪去做，就体现了这种相互的尊重，否则，同学们之间就很难友好相处。因此，在人际交往中，别让人厌烦你，要力戒不犯社交禁忌。

人们交往中，以下的行为，令人讨厌：

1. 侮辱别人的人格。嘲笑别人的生理缺陷是很不道德的行为。有生理缺陷的人，内心是痛苦和忧伤的，常常很自卑，自己看不起自己。他们内心所承受的压力比我们普通人要大得多。嘲笑别人的生理缺陷，等于加重了他的心理负担，会使他感到更加自卑。这就不仅仅是不尊重他，更等于在精神上折磨他。

有生理缺陷的人，在日常生活中遇到的困难比我们正常人要多得多，一个文明而懂礼貌的人会同情他们，热心帮助他们，是决不会去嘲笑他的。

随便给别人起外号是不道德的行为。起外号常有两种情况：一种是，对于事业上有创建的人所独有的精神的赞美和肯定，如我们称中国女排为"铁姑娘"，称大庆创业者王进喜为"铁人"，就是这种美称。另一种是给同学们起一种带有侮辱性的外号，损伤别人的人格，拿别人开心，而且不管场合，乱叫一气，就很不好。

用刻薄的话骂人，造谣诽谤中伤别人，同样是不道德的。同学相处，本来就应当平等互敬，总想压人一头，别人不服，就恶语伤人，这是欺负人的行为。

在人背后论人长短。人与人相处，不要胡乱猜疑别人，要尊重别人。事事都打听，听到一点事，就拿来作为炫耀自己的资本，这是一种很肤浅的表现。把别人的事当做开心解闷的材料，就不光是肤浅，而且是不道德了。要懂得，这些行为与文明修养格格不入，表面看是对别人的伤害，其实真正伤害的是自己，损坏的是自己的形象，于人于己都不好。

2. 乱开玩笑。玩笑，可以活跃气氛，亲密同学之间的关系。高雅的玩笑，是一种幽默；玩笑开得过分，就是粗俗。因此开玩笑要掌握适当的分寸，注意时机和场所。在别人心情不好时，或有事正忙着时，不应当和别人开玩笑。另外，还要看对象，特别是异性之间，不宜乱开玩笑。对方性格活泼，心胸开阔，有承受力，和这类人可以开开玩笑，对方性格内向，不喜玩笑，那就不要和人家开玩笑。

玩笑的内容，也要健康向上，粗俗下流的玩笑有失礼仪，千万不要开。开玩笑常常表现一个人的文明修养，不要把它看成是小事。

3. 乱发脾气。有的人脾气大，容易发火，这时，人处在不冷静中，处事失去分寸，就会把礼仪扔在一边。其实脾气并不是天生就有的，脾气的大小与人的文明修养程度有关系。文明程度高的人，善于控制自己。好发脾气的人，不要用"江山易改，本性难移"来原谅自己，要努力提高自己的文明修养，改掉乱发脾气的习惯。

有人把令人讨厌的行为归纳成以下几种表现：

经常向别人诉苦，但对别人的问题却从不感兴趣。

经常谈论一些鸡毛蒜皮的琐事，或不断重复一些毫无意义的笑话或肤浅的见解。

喜怒不形于色，对任何事都处之漠然。

态度过于严肃，不苟言笑，一派道貌岸然的样子。

缺乏投入感。在任何社交场合中，既不能参与别人的活动，也不主动与人沟通。夸夸其谈，语言粗俗。

总是以我为中心，不断向人述说自己的生活琐事，夸耀个人经历，从不理会别人的感受和反应。

阿谀奉承或热衷于取悦别人，企图博得别人的好印象。

每个人都希望自己给别人留下一个好印象，这个愿望要实现并不难。那就是：加强文明修养，尽量不做失礼的事。

学会说"对不起"

"对不起"也是最常用的礼貌用语之一。它似乎有一种神奇的力量，能使人与人之间紧张、矛盾的关系松弛下来，变得平和。有的同学以为，说"对不起"是一种低声下气、没骨气的表现，这种想法显然是错误的。在生活中，能够自责，能够诚恳地表达自己的歉意的人，其实是真正的强者。

在哪些情况下应向人说"对不起"呢？我们在日常学习和生活中，打扰、影响了别人，或者无意中伤害了别人的事情并不少见，这时，一声真诚的"对不起"，便是必不可少的：当你在图书馆错坐了他人的位子时；当你在公共汽车上不小心踩了别人的脚时；当你有事需打断别人的讲话时；当你不小心碰了同学的食具时；当你打电话吵醒了别人午睡时；当你无意间撞着迎面走来的行人时；当你错怪了别人时；当你忘记了亲友托办的事情时；

在这些时候，"对不起"、"请原谅"、"打扰了"、"给你添麻烦了'，之类的歉意言语，会使可能出现的矛盾迅速消失，紧张对抗顿时解除。对一个虽然打扰了别人，但态度真挚诚恳、道歉及时的懂礼貌的学生，人们总是会宽容谅解他的。

一个人诚恳地向别人道歉，请求原谅，并非没有骨气，反而是襟怀坦白、明白事理、真挚诚实和具有勇气的表现。如果一个人明明给别人增添了麻烦和不便，却还强词夺理，硬说别人不对。这种丑陋的行径便一定会遭到惩罚。

需要表达歉意时，不可犹豫、拖延。自己打扰或伤害了别人时。应及时道歉，不可迟迟疑疑，显得勉强。能及时向别人道歉的同学，不但表现了一种诚实和责任感，还表现了一种正直和勇敢。既然你心里想向人家道歉，就说明你已经意识自己做了错事。如果知错而拖着不认错，那就会在拖延中使自己更加缺少勇气，这样，被打扰被侵犯的人与自己的隔阂必定加深，甚至弄得关系紧张起来。

说"对不起"时态度要诚恳。向人道歉要发自内心。真正的道歉既不能随随便便，更不是无可奈何。向人道歉时，要抬头看着对方的眼睛，语言真挚诚恳。别人只要能感觉到你的真诚后悔，自然会真心谅解。

道歉应痛痛快快，直截了当。记住，道歉不是一件羞耻丢人的事情，而是深明事理与具有勇气的表现。因此，说话的声音要清清楚楚，不吞吞吐吐，含含糊糊，更不要转弯抹角，或是一边认错，一边又找借口为自己辩护。

有时候，也可用书面形式道歉，或借助赠送对方一些小礼品或帮助对方做点事情等方式来表达歉意。

玩笑开过火易伤同学心

人生中最纯真的友谊是在校园结成的，人生中最诚挚的朋友也往往是自己的同学。所以，在学生时代一定要珍重同窗情谊，相互关爱和帮助。虽然说童言无忌，但是有的时候自己不经意中的一个动作或一句话伤害了对方，甚至给对方造成一生的阴影。所以，同学间的交往光有一颗热情与坦诚之心是不够的，同学之间还要懂得学会体谅、尊重对方，不仅要懂得如何不伤害别人，同时也要懂得，当对方善意伤害自己时要学得更加宽容。

在学校中一些语言伤害来自同伴。许多小学生表示：同学互相起外号，有的同学被激怒而发生冲突，更多的被起外号的同学出现不同程度的心理压抑和痛苦。一些青少年杂志社经常接到家长的电话，诉说自己的孩子因受到同学挖苦和嘲讽，对上学产生了恐惧感，不想继续上学或者要求转学。

初二学生小韩表示：同学之间不该互相起外号。如果被同学起了外号的话，其他的同学会跟着叫你的外号，那么你的心情会很难过，也会影响自己的学习和同学之间的团结。高二学生王乐也认为，同学之间不应该互相起外号。虽说好的外号让同学直呼起来，彼此之间会觉得更加亲切，但有些同学给别人起的外号是含贬义的，有部分同学甚至用脏话给人起外号。这样，对方会感到很反感，彼此也会疏远。

给别人起绰号是常见现象，符合孩子的成长特点，面对事物，儿童喜欢抓特征便于记忆，这体现着孩子的观察力和想像力。因此，完全禁止起绰号的行为不科学也不实际，只有正确引导学生，才能让他们领悟尊重他

107

人的道理。

历史上有绰号的人很多，比如《水浒传》里的"浪里白条"、"智多星"等，这都体现着一种对人的赞美，是完全善意的，受到欢迎的同时，还会给人一种愉快的享受。

所以，起绰号的行为要具体问题具体分析，其根源是让孩子理解如何尊重别人。比如拿人家的生理缺陷起绰号，抓住别人的缺点、差错不放手，侮辱同学人格，这些行为是对别人最起码的不尊重，与之联系的绰号不但显示不出与同学的亲密，反而会引起人家的反感。这时，学校、家长都应该及时引导孩子，让学生体验被别人起不恰当绰号后的痛苦感受，让他们明白尊重别人是进入学校、进入社会的礼仪起点。

同学之间相互称呼外号其实是一种亲昵的举动，但是这要看外号是否起得恰当。有的外号对对方是一种赞赏或表扬，并非含有贬义，比如称爱学习的同学为"小学究"，叫班上年纪最小的同学为"小不点儿"，这些外号不仅不会让对方觉得反感，还会让人觉得受到了宠爱，有利于建立良好的同窗关系，说不准这些外号还会成为一个人难忘的回忆，甚至会跟随他一生。

但是，如果给同学起的外号因嘲笑对方身材、智力、家庭等缺憾，甚至是具有侮辱性的外号，就是对别人的不尊重了，应该禁止。

此外，除了相互叫外号，同学之间开玩笑时也要讲究轻重，千万别说到对方的短处或是痛处，当被开玩笑的同学露出不满神情时，一定要及时停止玩笑，并立即安抚对方。

怎样安慰别人

在生活中，如果其他同学碰到了困难，遭受了挫折，需要别人从精神上给予安慰，但为了求得好效果，同学们必须讲究一点劝慰的艺术，应该注意一下几个方面：

1. 掌握时机

劝慰身心受伤害的人，要掌握好时机。盛怒之下的人情绪失却了控制，这时不论你说什么劝慰的话，他都会无法接受。要是你理解别人的这种心情，最好等事情平息。当他冷静下来，恢复了理智，愿意与你交谈的时候，先用一些不涉及正题的语言与他交谈，待话语投机了，再转入正题，分析问题的原因，给以适当的安慰和鼓励。在失恋的人面前你就可以说："天涯何处无芳草？"，"有情还怕没知音"；在失足者面前，你也可以说"浪子回头金不换"；在失败者面前，你也可以说"失败乃成功之母"之类的话。

2. 切忌怜悯

人家本来处于不幸与痛苦之中，你越表示怜悯，越使他认定自己的不幸与痛苦，从而使他更加觉得痛苦不幸。这也是一种逆反心理的表现。比较好的办法是把苦恼人的思绪引向相反的方向去。比如，看望病人时，如果开玩笑中说一句："你真幸运，我怎么不生点病，也好安安静静地在床上休息几天！"或者说："得，你倒有了时间看一点书了！"这效果肯定会比"你真倒霉"之类的话对他的安慰更大些。

3. 富于同情心

在现实生活中，我们平时碰到哪位朋友或同志遇到了什么挫折和不幸，给以同情的表示，同样可以起到安慰的作用。比如某姑娘高考未考取，她心情的懊丧和苦恼是可想而知的。在这时，你如果抱同情和理解的态度，劝导她说："我也经历过这样的挫折，所以你的心情我完全理解。不过花落自有花开时，谁敢说大学就无望呢？"或者说："这次高考标准太高，所以求取的比较多，倒也不是成绩差了多少。再说一次不中还可以考第二次，就是不念大学也可自学成才嘛！这又算得了什么呢？何必为这苦恼呢？"这样，她的心里可能就好受多了。

 语言交往礼仪

语言是一种交际交流工具，掌握并运用好这种工具则是一门艺术。中学生在学校生活中，语言交流是必不可少的。中学生的学校语言礼仪总的来说要遵循一般社交礼仪，但也还有其特殊要求。

（一）使用普通话

我国宪法明确规定："国家推广全国通用的普通话。"普通话，就是

"以北京语音为标准音，以北方话为基础方言，以典范的现代白话文著作为语法规范的汉民族共同语"。推广普通话的目标是全国通用。普通话不仅成为汉民族使用的共同语，而且正在成为我国各族人民之间交际的语言工具。这不仅有利于社会交往，有利于国家的统一和民族团结，还有利于国际交流。随着科学技术的进步，生产、经营、管理、科研都在朝着信息化的方向迅猛发展。普通话的使用就显得更为重要了。少年时代是学习语言的最佳时期，推广普通话，促进全民族文化素质的提高，中学生有义不容辞的责任。因此，在日常学习生活中，我们要坚持说普通话。

（二）使用礼貌用语

一个人的文化素养、思想情操往往可以通过其言谈举止显示出来。人们常说："礼貌待人三冬暖，恶语伤人六月寒。"可见以礼待人之重要。中学生在学校生活中，首先要注意称呼，要针对对方的性别、年龄、职业、职务，给予恰当的称呼。自己所熟悉的老师、领导可称之为"×老师"、"×主任"等，不熟悉的本校教职工可笼统称之为"老师"。对待同学则可直呼其名。要注意的是对任何老师和领导，无论什么时候，都不能直呼其名，对同学不能叫带侮辱性的绰号。第二，说话要注意使用敬语和谦语。敬语有：您、请、请允许、谢谢、别客气、对不起、打扰您、没关系、请原谅、麻烦您了、再见等。中学生对同龄人和比自己小的人，可以称呼"你"。谦语敬语在文言词汇中比较多，中学生较少使用，也不必生搬硬套。但中华民族在语言运用中所表现出的谦恭的好传统是应该继承的。

（三）注意说话时的语气语调

在人们的日常生活中，语言的语气有陈述、疑问、祈使、感叹等四种。四种语气分属不同的语法范畴，能够表达出不同的意义和感情。但中学生在校生活中，无论使用哪种语气都应该做到语调温和、平稳。因为，即使是使用敬语和谦语，语气语调不同，表达效果也就不一样。如："对不起，让别人来做吧！"如果用冷漠的语气、低沉的语调，就会让人有一种拒人于千里之外的感觉；如果用热情的语气、明朗的语调，就会让人领会到谦虚而诚恳的意味。课堂回答问题时语气语调要平稳，不能让人觉得无可奈何或无所谓。课堂发问要明了，态度要诚恳，不要给人以刁钻发难之感。课间交谈要自然、大方，还要注意周边环境，不要影响他人。和同学们课余交流，说话不要故作高深或闪烁其词，给人以调笑捉弄之感。

（四）说话要根据语言环境，选用恰当的句式

中学生说话不仅要看对象，还要看语言环境。在学校日常生活中，有课上课下之分，有严肃活泼之别；有时是面对朝夕相处的同学、老师，有时是面对相见不相识的来宾；有时是轻松舒缓的节拍，有时是节奏紧凑的鼓点。因此，说话要看场合。俗话说：到什么山唱什么歌。学生说话要与环境相适，与场合相切，不可口无遮拦，想说就说。或严正，或轻松；或审慎，或随和；或融洽，或敬让；或调侃，或郑重。总之，以做到适时、得体、达意为佳。要做到这一点还要注意选用适当的句式。同样一个意思，可以用不同的句式表达。例如，指出某个同学办事方法不妥，可以表达为：①你这种做法是错误的（肯定句）。②你这样做不太好吧（否定句）。③你这样做难道妥当吗（反问句）？④你看有没有比这样更好的办法（疑问句）？⑤你这样做简直"太好"了（反语）！上面五个句子中，句子②诚恳些，句子④委婉些，采用这两种句式既能达到批评指正的目的，又不伤害对方的感情，收到一石二鸟之效。当然不是说任何时候、任何情况、任何对象都要那样委婉含蓄，否则就千人一面，"异口同声"了。有时为了表达的需要，还要注意长句短句的运用，"被"字句和"把"字句的运用等多种修辞手法的运用。总而言之，中学生在校学习生活中，表情达意要同环境结合起来。

 ## 交谈中应注意的细节

谈话是人类用来表达情感，交流思想的一条最方便快捷的途径。既然是途径，自然人人得而行之，可不同的却是，有的人用得好，有的人用得不好。

同样是一张嘴，有人一句话可以赢得满堂喝彩，有人一句话却可以失尽人心，真可谓是"一语褒贬，天上人间"，其实还有这样的说法"一句话说得人笑，一句话说得人跳"，可见在交谈中语言的威力。因此学一些交谈

中的礼节，无疑是有利于提高我们在人际交往中地位的。

谈话的得体，具体而言包括下面几个细节：

1. 说话时应该缓急有度说重点

说话时如果速度过快，像连珠炮似地谈下去，对方可能还没反应过来，而你却已经说到别处了，这自然会使人不快。相反，说话太慢了也不好，听者听了半天，还是听不到你想要表达的主题，那对方自然会产生腻烦的心理。因而，谈话的速度要缓急有致，使对方有回味和思考的余地，在谈到重点问题的时候最好是缓慢而有力的，以引起对方的重视。

如果你发现对方对你的意思不甚了了的时候，就应该及时向对方表示"或许我讲得太快了，有些地方没有讲清楚"，然后及时补救。

2. 谈话的时候可千万不要过分以个人为中心

动不动就滔滔不绝地谈自己，光想自己的事，不给对方以应答的机会，这样的谈话，对方出于礼貌或许会听下去，但是内心的不快却是不言而喻的。

有些人在谈话中好炫耀自己，这是最忌讳的，因为这么一来，给人的感觉似乎是你压根儿不是在与他谈话，而是在向他卖弄或是向他说教。要知道，人们的自尊心都是十分敏感的，没有什么人会喜欢别人在自己面前自吹自擂，谁都会对那些像教导下属一般的指手划脚的人产生反感。即使是一个很谦卑的人，也会对别人的目中无人而感到厌恶。一旦产生诸如厌恶、反感这样情绪的时候，俩人之间的心理距离要再想拉近就难了。

因此，谈话时应该尽量寻找能够引起对方兴趣的话题以便拉近与对方的距离，使两人有共同的谈话思路。一个人有自信是好事，但表现自信决不能够喋喋不休地自我吹嘘和贬抑他人。

3. 应该随时注意对方的反应

交谈是一个双向交流的过程，因此在谈话时要注意对方的反应，观察一下对方是否在热心地倾听。说话的时候，两眼要看着对方，并且要时时征询对方的意见，使对方有表示自己看法的机会。如果对方连这样的机会都被你剥夺了的话，那自然就不会再有什么兴趣去继续这场谈话了。如果你一旦发现对方对自己的话题不感兴趣，那就应该立即知趣地打住或者是转移一下话题，及时地调整一下谈话的内容和谈话的方式，使对方积极加入进来。

4. 交谈必须是平等的

在交谈中要平等相待，不打官腔。这样做说明谈话时你是把对方作为一个平等的交流对象的，是尊重其人格的。这是对人以礼相待的一个前提。在和人交谈时拖腔捏调，哼哼哈哈，或是以势压人都是不礼貌的，更忌讳的是那种压对方的言辞，诸如"这一领域的权威就和我持同一观点。""我说的绝对错不了。"言外之意是别人只能以你说的话为标准。有的人喜欢以自己的职务、年龄、资历作为轻视对方的理由，这也是很不可取的，因为一旦别人感觉到了你这种倚老卖老，那么他原本对你怀有的那种尊重之情就会变成反感了。因此，我们应该牢记，交流时应该把自己和对方摆在平等的地位上，用商讨的口吻和语气，用温和的语调，用易于为对方接受的言辞与之交谈。

5. 谈话时要兼顾全局，不要冷落任何一个人

谈话现场超过三个人的时候，就应该不时地与在场的其他人攀谈，或是以目光进行交流，不能只是一味地和其中一两个人说话而不理会其他的在场者。由这个原则出发，就不能只谈个别几个人之间知道的事情而冷落旁人。如果所谈论的问题不便让别人知道，就应该另找场合。有时在谈话中途有第三者加入，这时应该以握手、点头、微笑等来表示欢迎的姿态，或者就直接用一句"欢迎"、"您有何高见"等来迎接其到来。一旦发现谈话的场合中有某个人长时间地沉默不语，就应该注意及时使其融入谈话的气氛中去或者适当地提示他发表看法。

6. 在参与多人交谈时，应表现出对谈话内容兴趣很大。而不必介意其他无关大局的地方。比如对方有浓重的乡音，读错了字或记错了日期等，只要不妨碍交谈的进行，没有必要当面去指正。不要在对方谈兴正浓时，突然凑到某个人耳边窃窃私语，这容易引起别人的反感，有可能使谈话者产生误会：有什么事不好当着大家讲？如果确有私事要说，不如请他到另一边再谈。撇开众人，只跟一小帮人交谈，也说明还不善于与大家打交道。

7. 当遇到自己的熟人正在一起交谈时，如果打算加入，一定要事先征

得同意。比如问一下"我能够有幸加入吗?"或"不打搅吧?"得到许可后,方可加入。不要以为是自己熟人,就可随便加入别人的谈话。加入之后,应当当配角,不可一加入就口若悬河,滔滔不绝地唱起主角,以至影响交谈者的兴致。一旦发现自己加入后,原来的交谈者都缺少了兴致,应及早退回,不要因此让别人产生不好的印象。在碰到有人想加入自己的交谈时,通常应来者不拒。如果自己确有私事,不适宜外人介入,应及早婉言相告,比如可以说"对不起,我们有点私事想单独谈谈。"或者说"我们过一会儿再谈,好吗?"一旦有其他人加入自己的谈话,就不要有意冷场,或是使用隐语、暗示等,使他人无所适从。

此外,在交谈过程中要始终注意不要扮演喋喋不休,逢人诉苦,无事不晓得一言不发的角色,这些都不利于交谈的进行,更不利于在众人面前建立良好的形象。最好选择节奏感比较轻松明快的话题,开心的一笑,会瞬时拉近你们之间的距离。

巧妙地插话而不打断对方

为了使交谈在愉快轻松的气氛中进行下去,积极倾听和适时插嘴都是非常必要的。在日常交谈过程中应该如何插话,才能有助于达到最佳的交际效果呢? 这要根据具体的情况,灵活采取不同的策略:

1. 伺机说一两句安慰的话

当对方在同你谈某事,因担心你可能对此不感兴趣,显露出犹豫、为难的神情时,你可以伺机说一两句安慰的话"你能谈谈那件事吗? 我十分想了解。""请你继续说。""我对此也是十分有兴趣的。"此时你说的话是为了表明一个意思:我很愿意听你的叙说,不论你说得怎样,说的是什么。以消除对方的犹豫,坚定他倾诉的信心。

2. 用一两句话来疏导

当对方由于心烦、愤怒等原因,在叙述中不能控制自己的感情时,你可用一两句话来疏导"你一定感到很气愤。""你似乎有些心烦。''你心里很难受吗?"说这些话后,对方可能会发泄一番,或哭或骂都不足为奇。因为，这些话的目的就是把对方心中郁结的一股异常情感"诱导"出来。当讨方发泄一番后，会感到轻松、解脱，从而能够从容地完成对问题的叙述。

值得注意的是，说这些话时不要陷入盲目安慰者的误区。你不应对他人的话做出判断、评价，说一些诸如"你是对的"、"他不应该这样"一类的话。你的责任不过是顺应对方的情绪，为他架设一条"输导管"，而不应该"火上浇油"，强化他的抑郁情绪。

3. 综述对方话中的含义

当对方在叙述时急切地想让你理解他的谈话内容时，你可以用一两句话来综述他说的内容"你是说……""你的意见是……""你想说的是这个意思吧……"这样的综述，既能及时地验证你对对方谈话内容的理解程度，加深对他的印象，又能让对方感到你的诚意，并能帮助你随时纠正理解中的偏差。

以上三种交谈中的插话技巧都有一个共同的特点，即不对对方的谈话内容发表判断、评论，不对对方的情感做出是与否的表示，始终处于一种中性的态度上。不过，有时在非语言传递信息中你可以流露出你的立场，但在语言中切不可流露，这是一条重要界限。如果你试图超越这个界限，就有陷入沟通误区的危险，从而使一场谈话失去了方向和意义。

和人说话"离远点"

在与人交流时应注意保持"安全距离"，即在谈话时让双方都感到自在的合适距离。不同文化的人们所认同的"安全距离"有很大差异。一般西方人士在交谈时习惯与对方保持较大距离，而在我国则不是这样。由于文化传统、经济发展水平、人口素质等原因，许多人不太注意这个问题。但随着国际交往日益频繁，注意保持让对方感到自在的"安全距离"也应成为"礼仪课堂"的必修课。

有一次，一位同住一幢宿舍楼、只说过几句话的同学上前与我讲话，脸都快贴到我头了，我觉得很不舒服，但又不好意思后退一步。后来我与一位外教（美国老太太）谈起此事，她说，换了她就会后退一步保持安全距离。

另外，建议大家保持口腔卫生。长期以来，由于经济不够发达、医疗条件较差，加上人们观念上不够重视，我国许多人不注意口腔卫生保健，因此导致口气不清新者比比皆是，而许多人自己还没意识到。如果没条件在每顿饭后刷牙，吃完东西漱口应该不难做到，一防口气不清新，二防饭菜粘在牙上有碍观瞻。西方人士普遍重视口腔卫生，我的一位美国老师每天刷 3 至 4 次牙，早晚两次用牙线清洁牙齿。

优化语言的几种技法

在一切使人喜悦的艺术中，说话的艺术占第一位，只有通过它才能使被钝化的感官获得新的乐趣。谈吐礼仪是通过优化语言来提高表达效果的，这就是谈吐艺术。优化语言的具体方法可因人、因时、因地而异，其主要方法有：委婉法、幽默法、模糊法和暗示法。

一、委婉法

委婉是一种既温和婉转又能清晰明确地表达思想的谈话艺术。它的显著特点是"言在此而意在彼"，能够诱导对方去领会你的话，去寻找那言外之意。从心理学的角度来看，委婉含蓄的话，不论是提出自己的看法还是向对方劝说，都能比较适应对方心理上的自尊感，使对方容易赞同，接受你的说法。

有些话，意思差不多，说法稍有不同，给人感觉却大不一样。如：谁——哪一位？不来——对不起，不能来。不能干——对不起，我不能做。什么事——请问你有什么事？如果不行就算了——如果觉得有困难的话，那就不麻烦你了。前者太直白，后者委婉动听了许多，让人容易接受。

"委婉含蓄比直截了当说话更需要多动脑筋，它是一种语言修养。直言不讳刺激性大，容易伤害对方的自尊，得罪人，造成许多矛盾；委婉的话有礼貌，比较得体，听了轻松自在，愉快舒畅……提倡忠言不可逆耳，理直不可气壮，就是说：'忠言'和'理直'都要注意用恰当的方式表达。多数人对直言不讳不大喜欢，俗话说'恕我直言'，没有'恕我委婉'。说直通通的话，直来直去，被认为是不稳重、不成熟的表现，讨人嫌；而说话委婉，被认为是稳重、成熟的表现。"（陈建民《说话的艺术》）

需要指出的是，委婉的方法，根据本意所需语言特点划分，一般分为讳饰式、借用式和曲语式三种类型。

1. 讳饰式委婉法：是用委婉的词语表示不便直说或使人感到难堪的话的方法。例如："3月14日下午两点三刻，当代最伟大的思想家停止了思想。……他在安乐椅上安静地睡着了——但已经是永远地睡着了。"（恩格斯《马克恩墓前的讲话》）死是人们普遍忌讳直接使用的词，恩格斯连用了"睡着了"、"永远地睡着了"表达了马克思逝世，以示沉痛之情。再如："上厕所"一词很多国家地区都回避直言，前面我们讲述过委婉雅语的替代方式。在社交场合适当地运用讳饰式婉语，不至于有失大雅或冒犯某些忌讳。

2. 借用式委婉法：是指借用一事物或其他事物的特征来代替对事物实质性问题直接回答的方法。例如在一次记者招待会上，一位美国记者问周恩来总理："请问，中国人民银行有多少资金？"周总理说："中国人民银行吗，有18元8角8分。"问者涉及了国家机密，于是答者就巧妙地将"银行资金"中一个概念——过去人民币发行的面额总数（10元＋5元＋2元＋1元＝18元；5角＋2角＋1角＝8角；5分＋2分＋1分＝8分）18元8角8分来巧妙地回答了记者的问题，保持了招待会的和谐气氛。再如，一外国记者问中国的公路为什么叫"马路"？周恩来说：因为中国走的是马克思主义的路。实际上，周恩来的回答是对提问者的一种委婉拒绝，其效果是使间话者不至于尴尬难堪。

3. 曲语式委婉法：是用曲折含蓄的语言、商洽的语气表达自己看法的方法。例如《人到中年》的作者谌容访美，在某大学演讲时，别人问："听说您至今还不是共产党员，请问您对中国共产党的私人感情如何？"谌容说："你的情报很准确，我确实还不是中国共产党员，但我的丈夫是个老党员，而我同他共同生活了几十年尚无离婚迹象，可见……"谌容不直言以答，而是以能与老共产党员的丈夫和睦生活了几十年，来间接表达了自己与中国共产党的深厚感情。

1979年在平壤举行的第35届世乒赛上，中国男队失利，匈牙利获得冠

军。这是自 25 届世乒赛以来 22 年内中国的一次"最悲惨的失败",当时一名外国记者挑逗性地问中国队教练李富荣:"中国队什么时候能够把杯夺回来?"头脑机敏、善于言词的李富荣镇定自若地说道:"匈牙利队很不容易,用了 27 年的时间才重新拿到斯韦思林杯。我想中国队夺回斯韦思林杯决不需要 27 年!"这番话柔中带刚,表达了中国对重新夺回斯韦思林杯的充分信心,与其说是赞扬匈牙利队,毋宁说是在委婉地奚落那位记者。

二、幽默法

"幽默"一词是英语 humour 的译音,起源于古罗马人的拉丁文,形成了古法文,最初是一个医学术语,指人的体液。这个词演变为美学范畴的一种特定含义,是 16 世纪以后的事情。

幽默是在一定的语言条件下,通过语言反常组合来实现的,它与讽刺、否定性滑稽的不同之处在于它所持的是温和与宽容的态度,而后者则是尖刻、辛辣的,不友好的。幽默和谈吐礼仪在目的和功能上是一致的。

说到笑,人们自然会想到幽默,它是笑的精华,而幽默又不仅仅在于博人一笑,它是一个人智慧的表现,充满着敏锐、机智、友善和诙谐,幽默有折射与引伸,有喻世的针砭和讽刺,在会心的笑声中启人心智,让人在笑声中反省自己,感悟真谛。

幽默有很多种方法,自嘲式(又叫自我调侃式)、一语双关式、岔道式、否定式、歪打正着式等等。

自嘲式一是嘲弄自己的短处,二是以嘲弄的态度来对待自己的优点。自嘲不一定都是幽默,但幽默的自嘲必是最出色的自嘲,幽默的自嘲仿佛灵魂的热水浴,真正机智的人都爱自嘲。鲁迅善谈吐,好交际,和朋友交谈常常是谈笑风声,平易近人。有一次一位青年人问他,为何头发长了不理,他幽默地说:"我一见理发师的锋利剃刀,就有点害怕。"说后与青年朋友们一起开怀大笑。美国前总统林肯认为自己有着并不漂亮的长相,便进行自我幽默取笑,他对聊天的朋友说:"有时我会觉得自己是一个丑陋的人。有次出外闲逛时遇见一位老妇人,那老妇人对我说:"你是我所见过的男人中最丑的一个。你还到处闲逛呢。"我回答说"我是身不由己,没办法呀!"那妇人却说:"什么没办法呀,我绝对不同意你的看法,你可以待在家里不出门吗！"许多伟大成功的人士，都能运用幽默取笑自己，使他人从感情上和理智上接受自己，达到与别人沟通的目的。毛泽东即使在危急关头，也不忘幽默几句，从中体现出一位领袖的从容镇定风度。

幽默的毛泽东

歪打正着式，就是歪因和正果之间有种貌似紧密的联系。如某餐馆顾客和服务员的一段对话：

顾客："我的菜还没有做好吗？"

服务员："您点了什么菜？"

顾客："炸蜗牛。"

服务员："噢，我去厨房看一下，请您稍等片刻。"

顾客："我已等了半个小时啦！"（生气地说）

服务员："这是因为蜗牛是行动迟缓的动物。"

……（两个人都笑了）

一语双关式就是利用一个词的语音或语义同时关联两种不同意义并进行曲解的方法。第二次世界大战后，一些亚洲国家要求日本赔偿战争损失，当印度尼西亚总统苏加诺对日本进行国事访问时，日本总理大臣吉田茂料到苏加诺总统可能提出战争赔偿问题，便采取先发制人的做法。他一见到苏加诺便满面春风地说："我一直盼望着您的光临。贵国总是朝着我们刮台风，给日本造成了严重损失。我一直等着您来，以便请您赔偿贵国台风给敝国造成的损失。"吉田茂一语双关，说罢便放声大笑，苏加诺听完目瞪口呆，无言以对。于是他没有向日本提出战争赔偿问题。

其他类型不再一一列举。

幽默之所以有力量，是因为幽默本身与智慧密切相关。莎士比亚说："幽默和风度是智慧的闪现。"有幽默感的人大都是知识修养高、机智、聪慧的人。要成为一个富有幽默感的人不是很容易，要有自信、乐观、豁达、积极向上的性格，要有真诚善良、成人之美的品质和丰富渊博的知识。但

119

要记住：幽默是生活中的调味品而非食物。幽默多一分便成为油滑，少一分则成为做作。幽默只能算是作料。生活中有幽默，生活更有味。但生活本身不能由幽默构成，就像一盘作料不能构成一道菜。

三、模糊法

模糊，是自然界中物体类别之间的一种客观性。这种客观性，导致了人们认识中关于对象、类属、边界和情态的不确定性。模糊性是语言的基本特征之一。在自然语言中，句子所使用的词大部分是模糊词，如汉语中的概数词上下、左右、前后、多少、多日、多次等，副词马上、非常、刚刚、永远、略微等。时间名词拂晓、白天、黄昏、深夜、现在、过去等等都是模糊词。

模糊法是运用不确定的或不精确的语气进行交际的办法。波兰语文学家沙夫在《语文学引论》一书中说："交际需要词语的模糊性，这听起来似乎是很奇怪的，但是假如我们通过约定的方法完全消除了词语的模糊性，……那么我们就会使我们的语言变成如此贫乏，就会使它的交际和表达的作用受到如此大的限制，而其结果就是摧毁语言的目的，人们交际就很难进行，因此我们用以交际的工具遭到了损害。"

社交场合中的模糊法一般可分为：宽泛式、回避式、选择式三种类型。

宽泛式模糊法，是用含义宽泛、富有弹性的语言传递主要信息的方法。其语言结构往往是：较明确的词语 + 模糊词语。在外交场合有时不便把话说得太实，也不必说得太明，就要借助一些含义宽泛、伸缩性大、不很明确的语言；如在外交场合邀请一位国家领导人访问时，常常说："请您在您合适的时候访问我国。"这既表达了友好的意愿，又尊重对方安排方便，比非常明确的语言，确定某年某月某日来访问的命令式语气效果好。

1945 年，美国在日本投下了两颗原子弹后，美国新闻界一个最热门的话题是猜测苏联有多少颗原子弹。当苏联外长莫洛夫率苏联代表团访问美国时，在旅馆门口被一群美国记者围住，有一个记者问莫洛夫：苏联有多少颗原子弹，莫洛夫只用了一个英语单词——"足够"回答了他。"足够"是一个模糊的概念，既可以保守住苏联有多少颗原子弹这个当时不便公开的秘密，又体现出苏联人民的自尊和力量，言简意赅，恰到好处。

回避式模糊法，是根据某种场合的需要，巧妙地避开确指性内容的方法。例如某报纸上登载过这样一则消息：

"加拿大政府限令苏联驻加拿大商务处贸易代表于 10 日之内离开加拿大，因为他们进行了与其身份不符的活动。"

这条消息中没有道出"进行间谍活动"这一确指性内容，只是模糊地说"他们进行了与其身份不符的活动"，是出于外交礼仪上的需要。

又如中美上海联合公报，涉及"中华人民共和国政府"同"台湾当局"这两个概念，经过磋商，写成"台湾海峡两岸的人，都确认只有一个中国"。回避式模糊法应用范围很广泛。

选择式模糊法，是根据不同的交际目的，用具有选择性的语言来表达的方法，词义中常含有"或者……，或者……"的陈述形式，能作不同解释。

周恩来和田中角荣

需提出的是，模糊法的运用，要注意交际时的文化环境和交际语境，特别是外交场合。如 1972 年 9 月，田中角荣作为战后第一位日本首脑来到中国，周恩来总理为他主持了招待宴会。会上，田中角荣致词答谢，其中有一句话差点给两国政府投下阴影，以至引出下面一段文章：

田中角荣："……过去的几十年间，日中关系经历了不幸的过程，其间我国给中国国民添了很大麻烦，我对此再次表示深切的反省之意。"

周恩来："您对日本给中国造成的损失怎么理解？"

田中角荣："'添了很大麻烦'这句话，包含的内容并不是那么简单。我们是诚心诚意地如实表达自己赔罪的心情，这是不加修饰地、很自然地发自日本人内心的声音，……我认为，前来赔罪是理所当然的。"

造成田中角荣反复地再次表白的原因，是他不了解他所用的模糊词语——"添了很大麻烦"，在中国人看来是对日本过去的侵略罪行所采取的一种轻

交往礼仪

121

描淡写的态度，因为这一模糊词语在汉语中的语意太轻了。由此可见，在社交场合用好模糊法的关键，是要准确运用模糊语言。

四、暗示法

暗示是一种信号化的刺激，表示"不公开地隐蔽地给人以启示"。从社会心理学角度来看，暗示是在无对抗的条件下用含蓄、间接的方法对人的心理和行为产生影响。暗示法是通过语言、行为或其它符号把自己的意向传递给他人，并引起反应的方法。如某处挂一标牌：此处放自行车将被放气、拔气门芯。用幽默的语言暗示人们此处不能存放自行车。

暗示法可以通过人的语言形势、表情来施授，也可以通过情境（视觉符号、声音符号）施授。暗示法是交际语言中很有效的艺术。

礼貌用语

初次见面说"久仰"；久未联系说"久违"；
等候客人说"恭候"；客人到来说"光临"；
看望别人说"拜访"；欢迎购物说"光顾"；
起身走时说"告辞"；中途先走说"失陪"；
请人勿送说"留步"；陪伴朋友说"奉陪"；
请人批评说"指教"；求人解答用"请问"；
请人指教说"赐教"；请人指正说"雅正"；
赠送作品说"斧正"；对方来信说"惠书"；
向人祝贺说"恭喜"；赞人见解用"高见"；
请人帮助说"劳驾"；托人办事用"拜托"；
麻烦别人说"打扰"；求人方便用"借光"；
物归原主说"奉还"；请人谅解说"包涵"；
请人看稿称"阅示"；送客出门说"慢走"；
与客道别说"再来"；老人年龄叫"高寿"；
自称礼轻称"菲仪"；不受馈赠说"反璧"。

谈话要看准时机，留有余地

"言贵精当，更贵适时"。不该说的时候说了，是操之过急；该说的时候没说，是坐失良机。把握住说话的适宜时机，是说话得体的重要因素：比如在听话人心情比较平和的时候去反映情况或提出批评建议；在双方的感情和认识差距稍小了以后再开口劝说。高明的推销员从不直接向持拒绝态度的顾客推销商品，而是先迂回，套近乎，排除了对方的"武装"之后，再劝人家购买推销的商品。这样，往往会获得成功。

交谈过程中还要注意说话应留有余地。比如在交谈中，遇有需要赞美对方时，应措词得当，注意分寸，赞美的目的在于使对方感觉到你真的对他（或她）的钦佩，用空洞不切实际的溢美之词，反会使对方感到你缺乏诚意。

若一位商务人员热情友好地接待了一位客商之后，得到了"你的接待真令人愉快，你的热情给我留下了深刻印象"的评价，显然比"你是一位全世界最热情的人"的赞誉会入耳得多。所以称赞要适度，过分的讨好、谄媚则近于肉麻。特别是对上级领导，在社交场合更不宜毕恭毕敬说些奉承话。对晚辈或地位比较低的人，也不要用轻视、冷淡的口吻说话。总之要注意分寸。

再比如要使谈话得以继续，并且产生较好的效果，可适度地选用一些幽默风趣的语言或讲一些笑话。幽默的语言，既有趣可笑，又寓意深长，如果能在谈话中适当加以运用，不仅能够活跃气氛，而且能够启人心智，吸引听众，更好地与他人沟通和交流。但凡事要有个限度，使用幽默语言，讲笑话也要因人而异，要分时间、地点、场合，要有分寸。比如有的人喜欢嘲笑他人的生理缺陷和短处，特别是对男女之间的话题更是津津乐道。其实，这不但不能表现自己的风趣和幽默，反而显露出自己的轻薄与无聊。要知道，优雅的举止风度是以友善和为他人着想这两项原则为基础。这种揭短的"幽默"伤人太深，不但不道德，于己也未必有益。所以一定要注意把握好分寸，把话说得留有余地。

现实生活中，很难不求人，也很难不被人求，所以无论求别人办事，答应为别人办事，还是拒绝他人，都要注意把话说得留有余地。此外，表扬人，批评人，调解事端，解决冲突，应付尴尬局面，调息不满情绪，乃至布置任务，汇报工作等，都有个语言艺术问题，都要留有余地。

打听同学隐私不可取

学生具有良好的交往礼仪不仅有利于交往的畅通，也体现着自身的文化修养。现代社会对个人生活隐私保护日益重视。同学之间更要注意相互尊重，对于家庭情况、身体状况等个人信息不要相互打听、传播，以免给别人带来不快，给自己带来麻烦。

今年，不少体检部门为了进一步保护学生的隐私，出台了相关方案。上海杨浦区就为学生提供了个别检查、单间检查、预约检查的服务。一位高三学生觉得这样的新规定非常人性化，"比起3年前的初中毕业体检，感觉轻松多了"。

学生们对于隐私的概念是在生活中逐步建立的，这也要求同学之间互相尊重。打探隐私的行为有失礼貌，这多半是学生们并不清楚隐私的概念所造成。初中学生王琳表示："我不太清楚隐私都包括什么，但有时我不太愿意把家里的电话告诉别人，一些同学就会觉得我小气，其实这应该是个人的自由。"还在读高三的一位学生告诉记者："一次我得了重病，在家休息了好长时间。回到学校后，很多同学都追问我到底得了什么病，让我觉得心里不太舒服。毕竟有些问题是难言之隐，我真的不愿意让更多的人知道。

在校园中，同学之间的相处是非常密切的，涉及隐私的地方不可避免。目前还没有一条成文的规定，该用何种具体的文明方式尊重他人的隐私，这个礼仪问题需要学生自己去体会、去学习、去建立。

打探隐私固然是不可取的，一些学生因为年龄和阅历的关系喜欢问长问短，虽然没有恶意，但在无意中可能涉及到他人的隐私，从而招致反感。也有学生把自己了解到的有关其他人的重要信息随意传播，给人带来不必要的麻烦。因此，学会适当收起对他人的"好奇心"，约束自己的言行，才会加深同学间的友谊。

作为学生还应该了解隐私的概念，比如同学的家庭情况、个人信息等等，在别人不愿意透露的情况下，应表现出尊重的态度，而不是一再地追问。要知道，忽略别人的感受随意打探，只会招致他人的不良情绪，甚至伤害彼此的感情。老师和家长也应帮助学生体会隐私概念，适当体验伤及隐私时的痛苦感受，用引导的方式教育孩子。

同学间应该彼此尊重，即使关系亲密，也不应随意打探对方的家庭情况。

同学的物品不随意使用，别人托付的物品应保管妥当。

同学的手机、电脑存有重要的个人信息，未经允许不得使用。在使用中不随便查看其他内容，用后及时归还主人。

同学生病应该给予适当问候，不要打探对方的具体病情、病因。

学生应提高个人信息资料自我保护和管理意识。

校园内，讲人际，同学熟，重实约。小消息，背后议，招人嫌，众口弃。人与人，需沟通，若忽视，朋友失。独行侠，众非议，无交流，性孤僻。

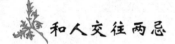

和人交往两忌

忌随便发怒：

在社交活动中，人们都愿意和性格豪爽的人交往。在社交场合，除非是原则问题，不要争得面红耳赤。一般来说，不要为一些鸡毛蒜皮的小事生气，勃然大怒，甚至翻脸，要表现出有气量，有涵养。俗话说："气大伤身。"发怒者会伤身，对自己的形象也有不良的影响。动不动就生气的人，会失去朋友。

如果有人招惹了你，你很想发脾气，那么请控制住自己。你可以尝试一下散步，数数，深呼吸等活动，这样或者可以平复你的怒火，避免争执。

如果是你的错，就应该马上道歉；是他人的原因，就向他解释一下，然后走开，避免不必要的对抗情绪。

忌玩笑过度：

朋友、熟人之间适当开开玩笑，可以活跃气氛，融洽关系，增进友谊。

但开玩笑一定要适度，要因人、因时、因环境、因内容而定。

1. 开玩笑要看对象

俗话说："人上一百，形形色色。"人的性格不同。和宽容大度的人开点玩笑，或许可调节气氛，和女同学、女同事开玩笑，则要适可而止。

2. 开玩笑要看时间

俗话说："人逢喜事精神爽。"开玩笑，最好选择在对方心情舒畅时，或者当对方因小事生气时，通过开玩笑把对方的情绪扭转过来。

3. 开玩笑要看场合、环境

在图书馆、医院等要求保持肃静的场合，不要开玩笑，在治丧等悲哀的气氛中，不宜开玩笑。

4. 开玩笑要注意内容

开玩笑时，一定要注意内容健康，风趣幽默，情调高雅。在社交活动中，忌开庸俗的玩笑。千万不要拿别人的生理缺陷开玩笑，例如不能以残疾人的生理缺陷取笑。

巧妙地婉言谢绝别人的好意

在学校交往中，我们总会遇到一些为难的事情。例如有人送给你礼物，不好接受……面对这种"难题"，有时我们不得不使用谢绝的语言。人们都不愿意自己的愿望遭到拒绝，对方一个断然的"不"字，更有伤情面。所以，谢绝的语言要特别注意礼貌、分寸。下面的建议值得尝试：

1. 感谢对方的好意

如果对方发出邀请或赠送礼物等，而你出于某种原因需要谢绝时，要称赞和感谢对方的热情友好，表示非常高兴接受这份感情。如"你对我非常关心。你这番心意我领了！""谢谢你的好意！"这样做，对方即使被回绝，仍觉得你是个通情达理的人，因为你理解了他的美好用意。

2. 诚恳地致歉

"对不起，让您失望了""很抱歉，我实在不能……""请您原谅……"这些话绝不是可有可无的。没有它，将使你显得高傲和不近人情。因而，为不能满足对方的愿望而致歉是非常必要的。

3. 寻找恰当的借口

提出借口来谢绝对方并不是不礼貌。事实上，借口是生活中必不可少的。在许多情况下，要拒绝对方的某一要求而又不便说明理由，也不便向对方说什么道理，不妨寻找恰当的借口。

如：当别人请你去饭馆吃饭，而你却不愿去，那么，你就可以彬彬有礼地说："十分感谢你的邀请，可今晚我有约了。"

出于善意的目的而找借口是应该的，不但光明磊落，还是体贴关心别人的表现，因为这么做能够维护对方的自尊。

善意的谎言在人和人之间的交往中是很必要的，积极的借口可以将你与他人更好地连接起来。不仅仅是在谢绝时，在其他一些必要的时候，适当地找出些可信而妥当的借口，可以避免伤害对方的感情，有利于维护彼此和谐的人际关系。

把适当的聆听当作一项重要的任务

谈话时总是有一方在说另一方在听，互相交替进行，因此除了有说话者应守的礼仪，还有聆听者的礼貌。

适当的聆听

听人说话是一件很重要的事。聆听，在某种意义上就是褒奖对方的谈话的一种方式，听也是说的前提，如果能够耐心而又专注地倾听对方的谈话，那也等于是用行动在告诉对方你对他的重视，这样，在无形之中就提高了一个人的自尊心和自信心，讲话者也会由此对你产生亲近感。而只有听者能做出积极的反应，正常的交谈才可能进行下去。所以说，聆听既是对别人的一种尊重，也是对说话者最好的鼓励，能够提高交流的兴奋度和亲切感。可以说，有耐心的倾听是作为一个文明人所应具有的一种基本礼貌。

那么，如何才能做好一个聆听者呢？

1. 要做到专注有礼

每当别人与你谈话时，应该目视对方，以示专心，还要静听。可以双眼直视说话者，用带有一定赞许意味的点头或手势来表示你正认真倾听，从而使说话者有兴趣讲下去。

在交谈的时候，不要左顾右盼，心不在焉；或者看着别处，显出不耐烦的样子；也不要在手中把玩什么物品或是翻着一本书；更不要打哈欠、伸懒腰、抓耳挠腮、搔首摆尾。有些人在听音乐的时候习惯于轻轻地叩动手指，或是用脚打着拍子，在听人讲话的时候可就不能这样，因为这些动作所表现出来的心不在焉是很伤人自尊心的。

还有一点千万记住，听人谈话的时候，可千万不要抬腕看表。这个动作无疑是在暗示：你有事要去办，不能听他谈下去了，或者是他的话让你极不耐烦。

2. 要学会耐心听完

许多人喜欢听和自己意见一致的话，或是听自己感兴趣的内容，一旦对别人的话题不中意的时候，就不耐烦地打断对方，或者用某种动作来流露自己对他的话不感兴趣，这些表现都是对人不礼貌的。有时候，谈话者为了理清思路，会作短暂的停顿，这时也不应打断他，而应等其理清思路后继续下去。

有时，出于某种原因，我们会想插话，在一般情况下，谈到兴头上时，是不宜打断其讲话的，但如果非打断不可的话，也应该有礼貌地说一句："对不起，我打断一下。"或是"对不起，我想插一句。"在表达完自己的想法以后，再加一句："请您继续说下去。"

一般而言，我们要牢记不打断别人的原则，但是事实总有两方面。对于那些表现欲极强，口若悬河、喋喋不休的人，我们自然也没必要把许多时光浪费在他们身上，因为其谈话已成为自己和周围众人的负担了，这时将其打断是完全有必要的。不过也要注意方式方法，要学会巧妙地把话题引到别的方面去，而不伤其自尊心。

我们强调听人说话时要专注地静听，但这并不意味着是被动地、默默地听，而是要对说话者有所应和地听，比如时而微笑，时而点头，让对方觉得你确实听进去了。有的善于倾听的人还懂得适当地引导，在点头之际适时地插入一两句引领下文的话"那后来呢？""哦，原来是这么回事。""是吗？""真的吗？"等等。这样会使对方不至于因为他说话之后全无反应而兴趣索然，中断谈话。与全然没有反应的人谈话，说话者会因为觉得被轻视而欲言又止。

对于需要我们作出评价的问题，一定要慎重对待。当对方议论某件事或是某个人的时候，自己不要轻易作出评价，尤其是不应该轻易地去评价不在场的人的过失。若是对方要求你作出评价，谈谈自己的看法．也应该客观、公正地表达意见。

在交谈中得体地进行提问

谈话过程中，不仅要注意倾听，还要善于提问。恰当的提问可从对方那里了解到自己不熟悉的情况，或将对方的思路引导到某个要点上，有时还可以打破冷场，避免僵局。

提问既然是为使交谈有效、深入地进行下去，就要注意内容，不要问对方难以应付的问题，如超出对方知识水平的专业或技术问题等，也不应询问人们难以启齿的隐私，以及大家都忌讳的问题等等。有的人在交谈中就不注意这一点，不管什么事情都要打破沙锅问到底，这样做的结果是既不尊重对方，也不尊重自己，谈话只能不欢而散。提问的方式也不能忽视，查户口式的一问一答只能使友善的空气凝滞。为此，提问的人应对发问进行方式设计，不能总是问封闭式问题，这类问题有点像对错判断或多项选择题，回答只需要一两个词。比如接待一位客人，若这样问："你是和同事两个人来的吧？""坐车很累吧？""第一次到这里来吧？"如果单纯地使用封闭式问题，会导致谈话枯燥，产生令人尴尬的沉默，而对方如果不停地回答封闭式问题，就会觉得自己在接受 FBI 侦探的询问。这不能怪客人不健谈，而是这种笨拙的发问也至多能回答到这种程度。要想让谈话继续下去，并且有一定的深度和趣味，就要继封闭式问题之后提出开放式问题。开放式问题就像问答题一样，不是一两个词就可以回答的，这种问题需要解释和说明，同时向对方表示（他们也很高兴你这样做）你对他们说的话很感兴趣，还想了解更多的内容。

如果换一个问法："第一次到我们这里来感觉怎么样呢？""你们那儿的气候和这里有什么不同？"等。这样的问话，对方不但可以介绍一些你所不了解的事，还可能充分叙述自己的感受而使气氛自然融洽，所以设计巧妙的提问，不仅能起到投石问路的作用，还能使交谈沿着自己希望的轨道向深处展开，达到相互沟通的目的。有的人问话一出，便立即打开了对方的话匣子，双方相见恨晚，成了好朋友；有的人问话一出，却使双方无话可说，形成难堪的场面。可见提问是一种艺术，对交往起着很重要的作用。

如果提出的问题对方一时回答不上来或不愿回答，不宜生硬地追问或跳跃式地乱问，要善于调整话题。如果对方往往是因为羞怯而不爱说话，那就应当问点无关的事，比如他工作的情况，等紧张的气氛缓和了，再把话题纳入正轨。

恰到好处地结束谈话

在商务活动中，无论是谈判还是结交朋友、处理业务，都要和人交谈，这就涉及到怎样结束谈话。如果能做到恰到好处，就会给人回味无穷的感觉；如果处理不好就会把事情弄糟。所以，怎样结束谈话是有些技巧的。

一般来说，要避免分歧，再结束谈话。谈话在尚未获得结论或一致意见的情况下，突然结束谈话是不明智的，不利于解决问题和人际交往的开展。分手时更不能讲使对方讨厌的话题，出现分歧时，应主动作出让步，比如可以转换一个话题，把有分歧的话题暂时放一放，谈一些别的，待气氛缓和了再把谈话告一段落，这样能增加双方的亲近感。有时，谈话的开头很好，双方谈得很投机，都处于兴奋状态，如果此时没有什么新的话题，就应该及时结束。

有些人不大注意这一点，认为前边既然谈的好，后面一定会更好，殊不知交谈的内容已快枯竭了，如果再接着谈，只会变得枯燥无味。

除了在内容上注意外，还要注意掌握好谈话的时间，使谈话能顺其自然地结束。此时要注意观察，对结束谈话是否有个心理准备，可以预先留一点要结束交谈的时间，为结束谈话创造一定条件，否则，在对方没有思想准备的情况下，突然终止谈话，会给人粗鲁无礼的感觉。如果在特殊的情况下，只能作短促的交谈，此时宜事先声明，以便使对方有思想准备。在把握时间的同时，还可以多留意对方的表情。比如当对方因对谈话内容不感兴趣或因别的事需要告退，又不好直说时，往往会做出某些暗示，像频频改变坐姿，心不在焉，东张西望，心神不安，摆弄自己带的东西或不时看看自己的表，对说的话也不做出积极的反应等等，这时就该结束谈话了。如果置这些不顾再继续谈下去，就会使人产生反感了。

最后要注意的就是结束谈话后如何打招呼。

谈话的结束，不是只道一声"再见"就完事了，临别前要给人留下良好的印象，要得体而不失礼，有时还要给下一次交谈留下伏笔。

如果遇到争论不休无法一致的情况时，我们可以转移话题，把有分歧的题目暂放一放。如"咱们找机会再谈"。

与他人交谈时，随便中断对方的谈话是不礼貌的，但对于冗长的谈话，则可以依据自己和对方的关系，谈话的内容、时间、周围环境等等来判断是否应该让对方继续谈论下去。若不得不中断对方谈话，也要考虑在哪一个段落中断为好，同时也应照顾到对方，避免给对方留下不愉快的印象。

（1）直接以"好了，到此为止"这句话中断对方的谈话，但是，这句话仅限于用于对方的态度很强硬时。

（2）对方谈话告一段落时，自己立即接口谈自己的看法。

（3）以"现在没有时间了""我还有其他的工作"等等理由来中断对方的谈话。

（4）以频频看表、打呵欠、伸懒腰以及摆出一副表示自己已不感兴趣的神情，来使对方中止谈话。

131

（5）预先向对方打个招呼。如一见面即向对方表明态度，"请你长话短说吧，我没有什么时间"。甚至也可以向对方表明自己"有急事"而中断对方的谈话。

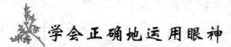

学会正确地运用眼神

面部表情中起主导作用的是眼睛，对内心情感的传达主要是靠眼神。为此，在商务交往中，要学会正确地运用眼神。

1. 要学会看人

在与人交际、谈话时，应注视对方的眼睛，以获知对方真正的感受，并将自己的心情袒露给对方，以达到心灵的交流。根据商务礼仪的惯例，在交谈时不正视对方，不是心不在焉，就是心中有"鬼"。用眼睛表情达意时须注意两个礼仪方面的问题。

（1）注视的时间。

交谈过程中，有些人让人感觉舒服，有些人则令人不自在，甚至让人感觉不值得交往，这主要与注视的时间长短有关。与对方目光接触的时间超过了全部谈话时间的1/3时，要么是被认为很吸引人，要么是怀有敌意。因此对于不太熟悉的人，不可长时间地盯着对方的眼睛，以免引起对方的恐惧和不安。如果感觉与对方谈得来，可以一直看着他，引起他意识到你喜欢与他交往。他可能也会回报，以建立良好的默契。这样的谈话，起码要有60%以上的时间注视对方。不难想象，如果谈话时心不在焉，东张西望，或是由于紧张、羞怯不敢正视对方，目光注视的时间不到整个谈话的1/3，那么，这不容易被人信任。当然，注视时间长短还要考虑到文化背景，对南欧人，注视对方过久可能会造成冒犯，故不能照搬。

（2）注视的位置。

注视对方什么位置，传达的信息有区别，造成的气氛也相异。不同的场合和交往对象，目光所及之处应有差别。比如公事注视，这是指人们在工作交往中，联系业务、谈判生意及外事谈判时，目光所及区域在额头至

132

两眼之间。这种注视给人一种郑重、严肃的感觉。如果同对手谈判，采用公事注视，对方会认为你对工作认真、严肃，同时也很看重对方，有诚意，因而会慎重考虑你的意见，你在一定程度上也就拥有了控制权。再比如社交注视，这是在舞厅、茶话会、宴会及朋友聚会时用的，区域在两眼到嘴之间。这种注视会令人感到舒服，也很有礼貌，较前者在气氛上要缓和多了。

2. 要学会用眼神表示对他人的尊重与友好

眼神能很好地表达出对他人的尊重与否，例如俯视带有权威感，且有海人之意，仰视表示尊敬与景仰。因此与人交往时，尽量不要站在高处自上而下地俯视于人；面对长辈、上司和贵宾时，站立或就座应选择较低位置，自下而上地仰视对方，往往会赢得对方的好感。

当与两个或两个以上的人共处时，不应当只看着自己的熟人、与自己谈得来的人，而冷落了其他人。即使是在接待尊卑有序的许多客人时，在重点照顾好地位高受尊者的同时，也应当适当地与其随员和下属进行眼神的交流。面对有男有女的几位客人时，对异性和同性要"一视同仁"，否则与异性谈话两眼炯炯有神，与同性谈话时两眼却黯淡无光，这样无法与客人达到真正的心理沟通。

3. 克服不良的看人习惯

在正式场合，尤其是面对不太熟悉的人时，有的眼神容易引起误会或麻烦，所以要特别注意。不要盯住对方的某一部位"用力"地看，这是愤怒的最直接表示，有时也暗含挑衅之意；不要浑身上下反复地打量别人，尤其是对陌生人，特别是异性，这种眼神很容易被理解为有意寻衅闹事；不要窥视别人，这是心中有"鬼"的表现；不要用眼角瞥人，这是一种公认的鄙视他人的目光；不要频繁地眨眼看人，反复地眨眼，看起来心神不定，挤眉弄眼，失之于稳重，显得轻浮；不要左顾右盼，东张西望，目光游离不定，否则会让对方觉得用心不专。

教室中的礼仪

课堂礼仪常规

不以规矩，难以成方圆。在课堂规则中，有许多是属于礼仪方面的常规。

（1）学生进入课堂，要注意衣着整洁。夏天不应穿无领无袖的背心，不能打赤脚；冬天不应戴帽子、围巾。

（2）学生进入课前预备铃响后，立即进入教室，准备好上课必需的书籍、抄本和文具，端坐于座位恭候老师到来。

（3）上课铃声响，老师进入教室时，班长或值日生应喊："起立!"听到口令后，全体同学起立站直，用目光注视老师，以示欢迎，待老师还礼后，班长或值日生发出"坐下"口令，同学们才能坐下。起立或坐下时尽量不要碰撞桌椅，以免发出大的声响。

上课铃响之后

（4）迟到的学生应在教

室门口先停下步，喊"报告"，在得到老师允许后才能进入教室。老师若询问迟到原因，应正面给予明确回答，不便当众回答时，可请求下课后单独向老师解释。迟到的同学入座时要迅速、轻捷，动作幅度要小，尽量不发出响声，把由于自己迟到而对课堂秩序造成的影响减小到最低程度。迟到的同学入座后，应立即将注意力集中起来，端坐静听老师讲课。

（5）老师讲课时，学生要精神集中，认真做好课堂笔记，不得随便讲话和做与本课无关的事，也不要发出声响影响别人听讲。在夏天，老师讲课时学生不要喝水，扇扇子；在冬天，老师讲课时学生不要搓手、跺脚。

（6）上课时对老师的讲解应及时作出反应，无论听懂了还是有疑问，都可以借助体态语予以回复，切记不要中途打断老师的讲话。要求发言要先举手，待老师允许后再发言。对自己提出的问题，不要强求老师立即明确的答复，特别是个别人的问题，可以在下课后单独向老师请教。

主动回答问题

（7）对老师的提问，能回答的，应及时举手示意，得到老师允许后，应立即起立，大声回答。如果老师没有请你回答，则应认真听取同学的答问；待其回答完毕后，若还有补充或有不同意见，可再举手争取发言机会，不能在座位上大嚷大叫或小声嘀咕。同学回答问题若有不当，不能挖苦哄笑。如果老师请你回答问题，你还没弄清题意或没想出答案，可先道歉，再坦率地申明自己不能回答，不能坐着不动或起立后默不言声。

（8）老师讲课时也会出现错误，属于明显的笔误或口误而且并不影响大家理解的，一般不必计较和纠缠。老师确实出现了差错，但不影响授课继续进行的，一般应等下课后找老师个别交换意见共同探讨，等老师在上下节课时自行更正。如果老师出现的差错会影响课程正常进行，则可及时

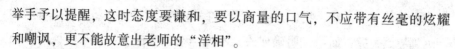

举手予以提醒，这时态度要谦和，要以商量的口气，不应带有丝毫的炫耀和嘲讽，更不能故意出老师的"洋相"。

（9）下课时，全体同学在班长或值日生的指挥下，起立，向老师致谢，待老师离开讲台后，方可自由活动；若有老师听课，应待听课老师离开教室后，方可自由活动。老师离开教室时，同学们应主动礼让，不能和老师争先。

（10）值日生应在下课后及时擦拭黑板，清洁讲台，准备迎接下一堂课的老师到来。老师如带有教具等，科代表应帮老师将它们送回办公室。课间休息时间，同学们应照顾老师休息，一般不宜长时间围住任课老师提问题。

及时擦黑板

文明进出教室

教室，是老师教学和学生学习的主要场所，也是学生课后自习的地方。中小学生在教室里是否遵循相关的礼仪规范，不仅影响校园的教学秩序，还具体展示着各自的道德修养和文化水平。每个学生都应在上课铃响之前走进教室，做好上课准备。

学生在课前两分钟进入教室，并擦好黑板，端坐恭候老师来传授知识，本身是一种应有的礼貌，也是对老师的尊敬。教室里这种肃穆气氛，能为老师取得良好的教学效果。如果上课铃响后，学生还在跑进跑出，教室嘈杂不宁，这会使老师上讲台时情绪不好，甚至会使师生关系对立，从而影响教学效果。

进出教室的礼仪规范主要有以下几点：

（1）进入教室应守时

一般来说，学生要在上课前两分钟提前进入教室。这两分钟的时间是从室外活动转入室内听讲，从下课时间的思想分散转入集中精力上课的一种过渡。学生可以利用这两分钟时间从容地做好上课准备，如找出上课要使用的课本、笔记本以及其他文具；也可以端正地坐好，恭候并欢迎老师的到来，这是体现学生尊敬老师的一种方式，也是对其他同学的尊重。

（2）走出教室有秩序

当老师宣布下课后，应该让老师首先走出教室，然后学生再有秩序地离开坐位走出教室。如果老师有其他事情不打算马上离开，学生则应先向老师打个招呼，然后再走出教室。那种当老师说"下课"的声音未落就争先恐后往外挤，抢在老师前跑出教室的做法，是一种不讲礼貌的行为，是不合乎礼仪规范的。

（3）特殊情况讲礼貌

如果学生遇到特殊情况，不得不在老师开讲后才进入教室，或者在老师上课的时候离开教室，就应该特别注意举止的文明和礼貌的周到。

上课后，在教室门口应该止住脚步，首先喊"报告"。如果教室的门关着，也可以轻轻叩门，要等候并得到老师允许后，才能进入教室。

需要诚实地向老师简要说明迟到的原因，在得到老师的谅解和允许后，方可入坐。

在走向自己的坐位时，脚步要轻，步幅要小，速度要快；在放置书包、取拿课本文具时，尽量不要发出声响，更不要东张西望地向同学做出滑稽举止，应该尽快地集中注意力，静听老师讲课。

老师讲课时，一般不允许学生中间离开教室。如果遇有特殊情况，必须中途离开，则应该在老师讲到一个段落，或者讲完一个问题时再举手请假。得到允许后，要迅速而轻盈地走出教室。

总之，因迟到而进入教室，或者因特殊情况需要中途离开课堂的学生，应该设法尽量减少对教学秩序的影响。

进入或走出教室时的举止主要体现在开关教室门和向老师及同学致意这两个方面。开关教室门时动作要轻，要用手而不要用脚，尽量不要发出声响。在进入教室或离开教室时，如果有老师或同学在教室中并且他们的目光在注视着你，你应该向他们报以微笑，或打个手势，或点头致意，以

教室中的礼仪

示你对老师的尊敬和感谢，以及对同学的友好态度。

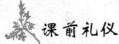
课前礼仪

教师在两分钟预备铃之前，就应作好上课的一切准备，不再和其他同事谈笑，让思想进入课堂情况。当两分钟预备铃一响，就要拿好教具面带微笑出现在教室门口，用亲切温和的目光扫视全班学生，使学生们的情绪立即安定下来，并对老师产生好感，这能帮助增强求知欲，专心聆听教师的教诲。假若教师本身缺乏时间观念，在两分钟预备铃已响过以后，又响上课铃时才急匆匆来到教室，甚至过了上课时间方才姗姗来迟，若无其事，这种行为，是对学生的不尊重，必定会影响学生的听课情绪。

学生在课前两分钟内进入教室，端坐恭候老师到来，并欢迎老师传授知识。这本身是一种应有的礼貌，也是对老师的尊敬。教室里的这种肃穆气氛，既能为老师取得良好的教学效果打下基础，又能够密切师生之间的关系。反之，若是两分钟准备铃已响，学生还是跑进跑出，教室里嘈杂不宁，这会使老师

学生课前进入教室

走上讲台时情绪烦躁不安，甚至可能使师生关系对立，从而影响教学的效果。

另外，对学生本身来说，两分钟准备是从上一堂课转向下一堂课、从室外活动转入室内活动的一种过渡，它能帮助学生使自己的思想尽快地集中起来。每位同学都能作好上课准备，既是尊重别人，也是尊重整个集体的表现。所有学生，都不能因为个人的准备工作尚未做好，而影响整个班级的上课。

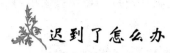
迟到了怎么办

同学们都知道，上课迟到会影响课堂秩序，相信每个同学也都不愿意迟到。但是，有时候我们也确实会遇到特殊情况，不得已只好在开课后才进入教室。这时候，该怎样做才对呢？

1. 站在教室门口先喊"报告"。如果门关着，那就应先轻轻敲门，经老师允许后，才能进入教室。

2. 要向老师说明迟到的原因，说话态度要诚实。假如堂上不便说，也可下课后主动跟老师说清楚，应在老师的谅解和批准后，方可回到座位。

3. 回座位时，速度要快，脚步要轻，动作幅度要小。在放置书包与拿课本时，尽量不要发出声响，更不能为了掩饰自己的窘况，反而故意做出惹人发笑的举止。

4. 坐下之后，应迅速集中精神，取出课本和笔记，静听老师讲课。

总之，迟到了的同学应该记住努力补救自己给班上带来的干扰，要把由于自己迟到而对课堂秩序造成的影响，减少到最低程度。

学生在上课后进入教室应注意的礼仪

学生如果遇到特殊情况，不得已而在老师开始上课后才进入教室，应特别注意举止的文明和礼仪的周到。

（一）在教室门口应先停下脚步，首先喊"报告"。如果教室门关着，那就应先轻轻叩门，要在得到老师的允许之后，才能进入教室。

（二）要向老师说明迟到的原因，说话态度要诚实，应在得到老师谅解和允许后，方可入座。

（三）在走向自己的座位时，速度要快，脚步要轻，动作幅度要小。走到座位前，在放书包和拿课本时，尽量不要发出太大的响声，更不能有任何滑稽可笑的举止。

（四）在坐下之后，应立即将注意力集中起来，端坐静听老师讲课。

总之，迟到学生要把由于自己迟到而对课堂秩序造成的影响，减小到最低限度。

同时，作为教师，当发现有学生迟到时，也应注意必要的礼仪。

（一）当迟到学生极有礼貌地报告后，老师应当允许学生进课堂上课，不能无理拒绝他们进入课堂。

（二）不要用生硬的语气训斥学生，因为学生迟到有时确是出于无奈，教师应以谅解的态度予以处理。

（三）若学生不便讲明迟到理由，就不要当众追问，可以留待课后再进行了解，因为不能为了一个学生，而中断教学，影响大多数人的上课。

（四）在课后个别找该同学谈话时，如问清迟到原因是因为贪玩等不正当的理由，身为教师，则应给予适当的教育。

遵守课堂纪律

每一个人的成长都离不开老师。在学习知识的过程中，我们都难免会因为这样那样的原因挑战权威、质疑老师。作为学生，无论在课堂上还是在课堂下，都要尊重老师的劳动，在老师讲课过程中，学生不要窃窃私语、和同学开小会，以免破坏课堂气氛，伤害老师讲课情绪。

上课遵守纪律，这个多少年来约定俗成的中小学生日常行为规范却在被一些学生所忽略。有的学生甚至还把在课堂上公然违反纪律当作是自己个性的一种体现。其实在这些学生放纵自己的同时却伤害了许多老师的心。

一位在小学教语文老师："现在有的学生很聪明，领悟能力强。上课自己听懂了，就开始不遵守纪律，一会儿和旁边的同学说说话，一会儿又接接老师的下茬，老师除了要把课讲好外，还要花费许多心思用在维护课堂纪律上，有时候真觉得力不从心。更重要的是，大多数老师都认为课堂纪律不好会严重影响讲课的质量。"

另一位中学老师认为："有些时候老师在讲台上正讲得投入，学生却在底下开起了小会，不知是在讲笑话还是在干什么，逗得周围同学哈哈大笑，一点都不把老师放在眼里，每当这时候，我讲课的激情一下就全没了，感觉自己受到了伤害。"

　　教育必须根据人的生理和心理特点进行，必须符合儿童的生理和心理特征。少年儿童，尤其是小学生天生好动、好玩，他们有着自己的眼光和评判标准，有着自己的兴趣和爱好，因此，对这个年龄段的学生应该多一些宽容和谅解，不应太过束缚。教师可以通过活跃课堂气氛，充分调动少年儿童的积极性，让他们把这种活泼好动的天性用于课堂学习中，而不是扰乱课堂秩序。

　　中学生，正处于性格形成阶段，可塑性很强，他们违犯课堂纪律，主要是这几个方面的原因：

　　一、缺乏纪律观念，不知道该不该做，加上年龄特点——好奇，模仿力强，看见别人怎么做，自己也去做；

　　二、缺乏自制力，坚持性。这类学生知道自己所做的事情不应该，但是却控制不了自己，或者这一次教育改正了，下次又犯，无法坚持。

　　三、容易受情绪的困扰，例如遇到挫折，压力过大，对教师的抵触等，这些都会导致学生上课不听讲，甚至严重违犯课堂纪律。而对于年龄稍大的中学生和高中生，应该学会在课上控制自己的一言一行，要懂得尊重老师的劳动成果，尊重别的同学接受教育的权利，不能为所欲为。

遵守课堂纪律

　　老师也要掌握一些管理课堂纪律的技巧。例如结合教学，随时督促学生养成遵守纪律的习惯，正面诱导，启发学生的自觉性；灵活应变，因势利导；遇到突发情况不焦不躁，沉着、冷静、幽默等。培养学生遵守课堂纪律的过程，也是对学生进行意志品质培养的过程。可以使学生逐步习惯于学校有组织、有条理的生活学习规律，又能培养他们意志的自制性、自觉性、坚持性等。

遵守课堂纪律是学生最基本的礼貌。

上课的铃声一响，学生应端坐在教室里，恭候老师上课，当教师宣布上课时，全班应迅速肃立，向老师问好，待老师答礼后，方可坐下。学生应当准时到校上课，若因特殊情况，不得已在教师上课后进入教室，应先得到教师允许后，方可进入教室。

在课堂上，要认真听老师讲解，注意力集中，独立思考，重要的内容应做好笔记。当老师提问时，应该先举手，待老师点到你的名字时才可站起来回答，发言时，身体要立正，态度要落落大方，声音要清晰响亮，并且应当使用普通话。

听到下课铃响时，若老师还未宣布下课，学生应当安心听讲，不要忙着收拾书本，或把桌子弄得乒乓作响，这是对老师的不尊重。下课时，全体同学仍需起立，与老师互道："再见。"

宁静课堂杜绝手机干扰

随着生活水平的提高，手机已经成为了再平常不过的通讯工具。这种普及性不仅体现在成年人中，还在学生群体中不断蔓延。手机在给我们提供方便的同时也引发了一些不容忽视的问题，许多学生把手机当成了即时玩具，上课发短信、玩游戏、上网……手机污染已经成为课堂上不协调的景象。

目前中小学生中拥有手机已不是少数，他们用手机发短信、聊天、玩游戏……在学生手中，手机是多种功能的集合体，既是通讯工具，也是玩具。

下午上课时间，老师在讲台前滔滔不绝，学生在座位上正襟危坐，从前方一眼望到后，一群很听话的学生，时而低头整理，时而抬头望师，仿佛完全融入了课堂；但从后面望，一群"聚精会神"的学生陆续的做着同样一个动作——低头发短信，而所谓的抬头只是在等待下一条短信的来临。

面对越来越多的课堂"拇指一族"，老师和学生更多的是反感。某重点中学高一学生曾峥对记者说："我的同桌整天离不开手机，无论是上课下课，他总是在聚精会神的发短信，不知道哪来那么多短信要发，有时无聊了还玩手机里的游戏。虽然他把手机声音调到了振动，但是来短信时一振一振的，对我听课还是有影响。我觉得中学生用手机并没有什么，但是上课应该关机，不能打扰老师和同学。"

作为一个学生，杜绝课上用手机发短信或玩游戏不仅是学生与老师之间的相互尊重，更是人与人之间最起码的礼节。包括成年人都应该懂得这样的道理：开会、听课和一些安静的场合不应该使用手机，或者至少把手机调到振动，不随意接听电话。

同学们在上课时，如果授课老师的手机响了，大家都会很反感，认为是老师对自己的不尊重，有些学校还会把老师在课上接听电话当作教学事故来处理。同样，学生上课使用手机既影响到其他学生的听课，又会影响到老师的讲课。每一堂课老师都会精心准备，每个教学环节都会细心琢磨，对于学生来说，不管有什么急事，无论有什么可以解释的理由，上课时手机响，同学间互相发短信都是对老师的不尊重。上课，本来就是一个互动的过程，作为学生不应该以低头发短信来代替思考、提问、议论。现在出台对于学生使用手机的准则是很有必要的。但更为重要的是学生的自觉遵守及与老师的相互配合。

学生时代处于最易接受新生事物，且缺乏自制能力的年龄段，因此学生拥有手机最易出现在购买手机时相互攀比、上课或自习时发短信影响学习的情况。家长给自己的孩子配备手机要以实用为原则，同时建议学校作出明确规定，不要让学生在上课时使用手机。

老师提问时学生应怎样正确回答

教师在上课时向学生提问，是教师检验自己教学效果的最迅捷和最直接的方法。教师通过提问，一方面可以了解学生对自己执教的内容是否理解和接受，同时，又可以启发学生积极思维，使学生的注意力集中。而学生的答话，反过来又能启发教师的思维活动，达到教学的目的。因此，教

师提问是一种正当和必要的教学手段。

正因为如此，每个学生都应懂得教师提问的积极意义，并要正确、礼貌地对待教师的提问。

（1）当教师提问时，学生如要回答问题，首先应该举手，要在教师点到自己的名字时，方可站起来答题。切不可坐在座位上，就七嘴八舌地发言，在老师未点到自己的名字时，也不要抢先答话。

（2）在起立回答问题时，站姿、表情要大方，不要搔首弄姿或者故意做出滑稽的举止引人发笑。说话声音要清朗，不要过低，使老师同学听不清楚。

（3）有时，对老师的提问自己回答不出来，但又偏偏被点到名。这时，自己应该站起来，以抱歉的语调向老师实事求是地表明：这个问题自己回答不出来。

回答老师的问题

（4）在别人回答教师的提问时，不应随便插话。如别人回答错了，或者回答不出时，切不可在旁边讥讽嘲笑。当老师发问："有哪个同学能回答这个问题"时，自己可以再举手，在得到教师允许后，站起来回答问题。

教师在提问时，也应注意下列几点：

（1）要采用启发的方式，使有利于学生积极思维、开发智力。

（2）对学生正确的回答，应及时给予肯定。

（3）当学生回答不出问题时，应让其坐下再进一步思考，切忌用讽刺挖苦的语言去伤害学生的自尊心，以致挫伤学生的学习积极性。

正确对待老师的批评

由于有些同学在课堂上违反纪律，影响学习，因此免不了受到老师的提醒与批评。但这些受到批评的同学往往心里十分不高兴，认为当着全班同学批评他，是故意拆他的台，让他丢了脸，从而对老师满肚子怨气，更有甚者，还当场顶撞老师，态度恶劣。显然，这些都是十分错误的、没有修养的行为。

有过失的同学，应该怎样理解和对待老师在课堂上的提醒、批评呢？

首先应认识到，一堂课，只要有一两个人在那里窃窃私语或做小动作，都会使整个班级的学习气氛受到破坏，影响老师的讲课情绪。这时，老师及时的提醒与批评是理所当然的，这也是老师的职责所在。假如老师对这些不良现象不闻不问，放任自流，这样的老师便不配称为老师。这种不负责的表现，害了你自己也害了其他同学。《三字经》上说："教不严，师之惰。"教师本来就是以培养品德学识皆优的新人为天职的，若培养对象出现明显过失时却放任不管，这样的老师实在就谈不上是称职的了。明白了这一点，也就明白了：当老师在课堂上提醒批评不守纪律的行为时，即使是点名批评到自己，也不应忿忿不平地认为是故意让自己出丑，而是应该愉快地接受，并立刻改正。

当然，有的同学由于生性好动，有些坏习惯不容易一下子改过来。但无论如何，对老师在课堂上及时的提醒与批评，我们决不能不当一回事，更不能因此顶撞老师。相反，应时时克制自己，重视老师与同学的提醒，尽力纠正缺点和坏习惯，做一个讲文明守纪律的优秀学生。

学生应怎样有礼貌地向老师指出某些错处

对老师的错处是应该指出的。但怎样有礼貌地向老师指出某些错处，却涉及一个学生的修养问题。请看下面几个例子：

例一：同学们鸦雀无声地在抄笔记，突然，一个同学喊道："老师，你写错字了!"这一喊,弄得老师很尴尬,教室里的宁静顿时被打破,同学们七嘴八舌,再也没有心思上课了。原来,是由于老师偶尔笔误,把"帮助"写成"帮帮"了。但就因为这一声喊叫,这堂课就一直乱到了下课。

例二:当老师课间巡视时,一位同学举手,请老师看他的演算,并商议地说:"老师,您好像算错了。"老师仔细地研究了他的演算,当即在黑板上纠正了自己的错处,还高兴地表扬了这位同学讲礼貌和积极钻研学问的行为。大家也受了启发。

例三:老师在礼堂里作报告,其中有句话说:"竹竿都是圆的。"有位同学悄悄地写了张条子传上去,老师看了很乐意地纠正自己的错处,说,多数竹竿是圆的,但也有方竹和扁竹。老师还当场感谢和表扬了这位同学的指正。

例四:一位同学找老师谈心,从谈心中,老师才知道在班会上对他批评错了,冤枉了他。事后,老师在班上作了自我检查,并向这位同学道了歉。

例五:和老师一起散步的同学向老师提醒道:"老师,您把烟头扔在地上了。"这位同学踩灭了烟头,又捡起来扔进废物箱。老师感动地说:"我今后一定注意。"

古人说:"人非圣贤,孰能无过。"老师是普通的人,平时出现这样那样的错处也是难免的。所以,学生应当像例二、三、四、五中的同学那样,在指出错处时,让老师有思考和商榷的余地,不能使老师当场难堪。为此,就必须选择适当的时间、适当的地点和场合,以商议的口气、谦和的态度向老师指出某些错处,这样才是符合礼貌。有特殊的情况当作别论。

经老师允许走出教室

学生下课要等老师提示,一般而言下课铃声响过即是一节课结束的标志。但由于种种原因,有时下课铃声响过之后,老师仍在讲述相关内容,这种情况应视为本节课还没有下课。只要教师没有宣布下课,学生就不应下课。一听见铃声响起,就匆忙收拾书本,迅速装入书包,把桌子弄得乒乒乱响，甚至从坐位上站起，都是很失礼的。张强本来学习成绩特别棒，老师们都夸他脑子灵活，记性好，而且学习用功，让同学们向他学习。但是，自从那次后，老师与同学们都改变了对他的看法。事情是这样的：张强平时特爱玩，一次，下课铃声刚响，老师还在讲台认真讲课，其他同学仍在聚精会神地听讲，张强却坐不住了，一心想着操场上的健身器械。为了能够抢到那个器械，不待老师说"下课"，就一边东张西望，一边站起来，准备向外跑，偏偏这时老师点到他的姓名，让他回答一个问题。他站着不知所措，哪里能听清老师的问话？同学们的目光都集中在他的身上。老师没说什么，请他坐下，然后宣布了"下课"。就这样，一个成绩优秀的学生不受欢迎了。正确的做法是，在下课铃响过后，老师宣布下课，才能离开教室。

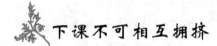

下课不可相互拥挤

　　铃声一响，有些同学就像出笼的小鸟一样，急急想飞出去。以为下课后便自由了，不管不顾地向教室门口冲去。殊不知，这样做不仅是对老师及其他同学的不尊重，而且也破坏了自己的好形象。

　　走出教室的顺序应该是老师先行，至少是当学生与老师同行时，应主动让老师先行走出教室门口，同学之间也应互相礼让，而不能拥挤。即使马上又要到另一座教学楼上课，也不应着急，从容有序才是中小学生应有的文明行为。

　　下课后不宜在教室或教学楼里大声喧哗，以免影响其他班级同学上课或自习。

下课之后

147

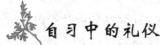 自习中的礼仪

　　自习是指在老师不加讲述的情况下，依靠学生自己的力量去获得新知识，寻求解决问题的方法的一种学习方式。这种学习方式有许多优点：首先，学生亲自发现事物的关系和规律，能使学生产生兴奋感、自信心，从而提高学生的内部动力。其次，能使学生掌握发现的方法，以培养学生提出问题、解决问题的能力，培养学生发明创造的正确态度。另外，由于学生自己把知识系统化、结构化，所以能更好地理解、掌握和牢记学习内容，也能更好地运用所学的知识。因此，自习课上的礼仪不容忽视，保持正常的学习环境是每个学生都应做到的。

　　自习虽无老师授课却仍然是课堂教学的延续，任何与学习内容不相干的事情都不宜在教室里进行。所以，自习时在教室里与他人说话、打闹、玩扑克等都是与教室学习环境格格不入的失礼行为。

　　自习时对学生的基本要求是保持安静，这是取得良好学习效果的保证。因此，进入教室不管是先来者还是后到者动作都应特别轻，相识的同学见面彼此可以点头或挥手示意，言语的问候是不合时宜的。自习期间要尽量减少走动，离开坐位时，需要坐在外边的同学起立让路时，应向其表示歉意并致

上自习课时

谢。有不明白的问题需要与其他同学商量或请教时，最好到自习室外边去交谈，以免影响他人。

148

宿舍中的礼仪

宿舍应注意的礼仪

集体宿舍是住校中学生休息和睡眠的地方，是中学生课余生活的一个小天地。每一个宿舍都应是一个温暖和谐的集体，集体成员应文明守纪互相尊重，除应自觉遵守学校规定的住校守则外，还应特别注意宿舍礼仪：

（1）遵守集体宿舍生活制度。要按时起床，按时就寝，按时熄灯。在别人休息的时候，不要高声谈笑，不能有妨碍别人的举动。宿舍内播放收录机，音量要控制，限于个人听音的最好用耳机。有起夜习惯的，起床动作要轻，可自备手电筒照明。

保持宿舍卫生

（2）要保持宿舍内的整洁卫生。首先要注意个人卫生。床铺要收拾干净，被褥要折叠整齐，衣服鞋帽放在一定的地方；换下来的脏衣服脏鞋袜，要及时清洗和晾干，不能乱丢或乱塞；毛巾、脸盆等物品应集中存放，放整齐，挂毛巾时，不要和别人的靠叠在一起。宿舍集体

卫生也很重要，值日生应认真打扫寝室，扫地、抹桌、擦洗地板都不能马虎。每个宿舍成员都应自觉保持宿舍清洁，为大家创造一个干净的环境。

（3）尊重他人。不要随便在他人床上坐、卧，特别是未经主人同意不要随便动用他人的茶具、餐具、毛巾等。如有特殊情况，要借用别人的东西，应事先同主人打招呼，征得同意后方可使用。借用的东西如有损坏，应主动说明情况，并照价赔偿。特别要注意的是，别人较贵重的私人物品不能乱动，别人的书刊、信件、日记等不能乱翻。

（4）保管好自己的东西。重要的书籍、簿册、收录机和钱币，不能乱丢乱放，要安全可靠地放在书桌或箱橱中。自己的东西一时找不着，也不要大喊大叫、胡乱猜疑。

（5）爱惜公共财物和公共设施。在使用公共设施时，应讲秩序，懂礼让。寝室中的畚箕扫帚等公共用品，用后要及时放回原处，不随便乱扔。开关门窗要轻，用电用水要节约。

（6）要重视公共安全。进入别人寝室，应做到敲门待请，非请莫入。尽量不要带非寝室成员进入自己寝室，朋友来访最好到室外交谈。

（7）中学生不应该到异性同学寝室串门，特别是在夏天。有特殊情况非去不可时，可在寝室主人带领下进入，并且逗留时间不能长，以免影响他人起居生活。

（8）同寝室的同学要搞好团结，互相帮助。同学有困难，要主动关心，同学有病要主动照顾。平日相处要互相谦让，不能霸道。要严于律己，宽以待人，互相谅解。同学有了矛盾和误会，不要争吵，待双方冷静下来后再交换意见，解除隔阂。别人发生矛盾，不应袖手旁观，更不能火上加油，要主动帮助化解。

（9）在宿舍说话要讲文明，不喊绰号，不说脏话粗话。特别是流行于集体宿舍中的"宿舍文学"、"宿舍夜话"内容一定要健康。

（10）要服从宿舍管理人员的管理，不使用违禁电器，不用明火。如果自己违犯了宿舍规则，或做了妨碍他人的事，别人提醒或批评时，应虚心接受并及时道歉，不能强辞夺理，不要知错不改。

寝室是学生精神文明和礼仪修养的窗口

东汉时期，有个叫陈蕃的人，他年轻时很想干一番大事业，立志要"扫除天下"。可是，他却从来不肯动手把自己家里的环境打扫干净。当时就有人批评他说："一屋不扫，何以扫天下！"陈蕃不愿做扫地这样具体的事，说明他的大志是不实在的。从精神文明的角度来说，就是空的。同样，一间学生寝室里如果床铺乱糟糟，地上很肮脏，这些学生就是嘴上口号叫得再漂亮也没什么用。人们从寝室这个窗口，可以一眼看出：住在这间寝室里的学生们既缺乏劳动和卫生习惯，又不讲究精神文明。对住校的学生来说，正因为寝室是他们的主要生活环境之一。它的面貌，在一定程度上也能体现和反映出这些学生的文化修养和思想修养。所以，在寝室内要注意如下礼仪：

（一）要保持寝室整洁，定期擦洗地板、桌子、橱柜和门窗，定期打扫寝室。

（二）被褥要折叠得整齐美观，衣服、鞋帽要整齐地安放在一起。

（三）换下的脏衣服、脏鞋袜要及时清洗和晾干，未洗之前不可乱丢，要安置在隐蔽的地方。

整洁的寝室

（四）毛巾、脚布都要挂整齐，并且不与别人的靠叠在一起，以避免相互感染。脸盆等其他洗漱用具应有规律地安放在一定的地方。

（五）重要书籍、簿册或收录机等用品，不能乱丢乱放，要安全可靠地放在自己的书桌内或者橱内。

（六）冬天用的取暖器、夏天用的电扇和蚊香都要安放在一定的安全地

宿舍中的礼仪

方。夏天，清晨就要把帐子挂起来。

（七）点心、食品和碗筷等，不仅要安放整齐，还要注意密封、遮蔽和加罩，以确保卫生。对已变质的食物，要及时处理掉。

（八）寝室内的畚箕、扫帚等公用物品，用后要及时放回原处，不随便外拖。开门、关窗要轻，窗要上钩，并注意随手关灯。若寝室内有鲜花，要注意爱护。

（九）借用他人的东西，虽是同室，也必须得到物主的同意，用后要及时归还。东西若有损坏，该照价赔偿。

（十）在寝室内，应与在别的地方一样，不可乱叫同学的绰号，不可讲粗话和下流的话。

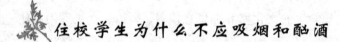

住校学生为什么不应吸烟和酗酒

学校是精神文明和礼仪修养的培育场所之一，是社会文明礼仪的窗口。现在，全世界都在提倡文明禁烟运动，无疑，住校学生也是不该吸烟的。假如大学的教室里烟雾腾腾，假如住校学生任意酗酒，这哪里还有什么精神文明和礼仪修养可言呢？再说，在这样成千甚至上万人的大集体里，吸烟酗酒将会对安全带来极大的危害。据知，某大学的学生寝室里发生火灾，就是因住校学生吸烟烟头未灭而造成的。还有个别大学生因在校内酗酒，醉后用刀子戳伤了同学。广大群众和报界都指出：此"疾"如不根治，学府将不成其为学府。

还有，住校学生一般过的是集体生活，无论在寝室或其他场所，一人吸烟，往往是几个甚至一群同学受害。有些体弱者、有病者、呼吸道有疾病者更是苦不堪言。住校学生吸烟、酗酒，既给同学带来了危害，也糟蹋了自己的健康，这就必然造成影响学习的后果。再说，学生是经济尚未独立的消费者，住校学生吸烟、酗酒，往往还要互相发烟，互相灌酒，这样就会加重自身和同学的经济负担，就可能影响同学之间的正常关系，甚至影响到学生思想品德方面的健康成长。

综上所述，种种理由都说明，住校学生是不应吸烟和酗酒的。

在宿舍串门或接待亲友要注意的问题

学校集体宿舍是学生共同生活的场所，但同室生活的学生性格却未必相同，有的好静，有的好动，又因为寝室是生活场所，所以学生在室内的作息和穿着都比较随便。鉴于上述情况，在寝室里串门、接待亲友或有外人来访，在礼仪上一定要注意如下几点：

（1）应在有同学相邀，或在得到该室其他同学的许可时，方可进行串门，切不可随便乱闯。进寝室后，应主动向其他同学招呼，并只能坐在邀你的同学的铺位上，不能随处乱坐（若邀你的同学睡的是上铺，一定要得到下铺同学的许可后，方可坐其铺位）。未经同意，不能动用别人的茶具、毛巾等物，不可随便移动和翻弄同学的东西。谈话声音要轻，谈话时间要短，不能坐得太久，以免影响同室同学处理生活上的事。

（2）若去异性同学的寝室串门，除了注意上述诸点之外，还必须在该寝室其他同学生活上方便的情况下，才能进入（尤其是夏天），而且谈吐要文雅，逗留时间更要短暂。

（3）接待亲友或外人来访时，在进入自己住宿的寝室之前，自己应先向在寝室里的同学打招呼。进室后，自己应主动为同学介绍来访者。坐位、用物、谈话声或逗留时间均同前。若是异性的亲友或外人来访，在进入寝室前，自己更必须向寝室里的同学打招呼，说明情况，要在让他（她）们有所准备之后，方可进入。进入后，自己同样要主动向同学介绍来访者。其他要求都同前。总之，在寝室里串门，接待亲友或外人来访时，串门者和被访者都应注意文明礼仪，都应尽量考虑到别人生活上的方便。

集体生活中既相互关心又不干预别人私事

学生多数是青少年，对生活尚欠理解，也谈不上有什么生活经验。在

这种情况下离开父母而投入集体生活，必然会遇上种种困难。倘若同学间能互相关心和互相帮助，就容易克服困难，就能使同学感到集体的温馨。因而，在集体生活中互相关心是必要的。

但是，这里也应有个限度，如果一个学生过分热衷于别人的私事，也有可能会导致侵犯他人的个人权利。假如有人有意或无意地去干预别人的这些私事，那么其后果也许是比较难堪的。

正确的做法应注意哪几点呢？

（1）不可私翻私看他人的日记。有的同学没有养成随手收拾东西的习惯，连日记本也很随便地丢在枕边或放在桌上，甚至翻开在那里。即使碰到这种情况，别的同学也不应以任何借口去私自翻阅。

（2）不可私拆私藏他人的信件。集体宿舍人多，同学的来信也较多，有时，明明知道某同学的某件来信是大家很感兴趣的。但无论在什么情况下，谁也无权私藏或私拆别人的信件。

（3）不可打听同学的隐私。有些人，对自己的某种情况，或家中的某件事，不愿告诉他人，不愿谈，这是属于他个人的隐私，应该受到尊重。在集体生活中，每位同学都要尊重和保护别人的隐私权，尊重同学的人格。凡是别人不愿谈的事，就不可去打听，不可向他本人探问、盘问、查问或追问。

（4）当同学有客人或亲属来访时，有时往往要与来访者谈及一些私事，对此，其他同学要适当回避。决不可在一旁暗听。

（5）有时，同学离校去处理某件个人的私事，对此，他人也不该主动去打听和去追根寻源。如："到哪里去？""做什么事？"或"该怎么办？"等等。对此都要尊重别人，不要去随便打听。

宿舍接待须知

日常中，在宿舍里接待亲友或到其它宿舍串门拜访，这在住宿生是常有的事。但宿舍是同学们共同生活的场所，因此，每个同学干什么都要顾及他人，不可为所欲为。因此，同学们在宿舍里接待客人或到其它宿舍拜访时，要注意如下一些礼仪：

1. 在宿舍接待客人时，要在客人进入宿舍前与各位舍友打声招呼。进宿舍后，应以主人身份，把客人介绍给舍友。招呼客人时，不要高声谈笑；客人逗留过久而赶上休息时间时，应对客人作适当婉转地提醒；假如客人来访时正碰上休息时间，则应带客人到宿舍外面坐谈。假如来访的是异性客人，便应顾及舍友衣着、起居方面的方便而见机行事。

2. 到其它宿舍拜访时，进门前应轻轻敲门，征得允许后方可进入。进宿舍后，应主动与其它同学打招呼。下座时不要随便坐其他同学床位，应坐椅子上或你要找的朋友的床位上（如果你的朋友睡上床，那么，经下床同学允许后也可坐下床）。到其它宿舍去，切忌动用或翻弄别人的东西；交谈时谈话声音要轻，逗留时间也不宜太长。若到异性宿舍串门拜访，则更应特别注意。在该宿舍其它同学方便的情况下才能进入。

宿舍中的礼仪

公共场所的礼仪

自觉遵守公共秩序

先讲一个列宁的故事：

十月革命后，前苏联领袖列宁一直日理万机，简直是"全世界最忙碌的人"，但他一样坚持到理发馆去理发。有一次，他到理发馆去理发，那里已经等着许多人，列宁便问谁是最末的一位。人们都知道列宁的时间极其宝贵，于是争着请列宁先理发。列宁却回答："谢谢同志们。不过这是要不得的，应该按班次和守秩序。我们自己订的法律，应该在一切琐碎的生活里去遵守它。"说完就找个椅子坐下来，并从衣袋里掏出一张报纸来看。

列 宁

毫无疑问，列宁的精神是值得我们永远学习的。为什么要提倡人人都遵守公共秩序呢？公共秩序代表着大家共同的利益、共同的意愿。遵守公共秩序，是对集体的尊重，也是对自己的尊重。社会的公共秩序是人们在长期的社会生活中逐步形成和完善的，大家都遵守，大家都方便。一个人的行为好坏，直接影响到别人和集体。如果你对别人、对社会不负责任，不遵守公共秩序，就会使许多人受到损害，造成不良影响，像俗话说的："一条鱼腥了一锅汤。"

在社会上，在学校和集体中，每个人的一举一动，一言一行，都不应随心所欲，各行其是，而应当时时、处处考虑怎样做才能对国家、对集体、对他人有利。如果有一部分人不自觉，或个别人不自觉，都会破坏正常的社会秩序，搞得大家不得安宁。作为具有高度道德意识的当代中学生，我们每个人不仅应当自己严格要求自己，遵守一切公共秩序，维护公共场所的道德规范，同时，还要积极对不守公共秩序的人和事进行批评、劝说。

请珍爱校园的公共财物

有珍爱之心是最起码的爱护公共财物的表现。不管身在哪里，同学们都要严格要求自己，即使周围有破坏公共财物的行为，也不要盲目模仿，而要坚持正确的行为。比如，有的同学放学下楼的时候，不从楼梯走下来，而是从楼梯扶手上滑下来，这样做既危险又对公共财物有损害。可是，自己的同学都在这么做，而且玩得不亦乐乎，还要你也一起玩。你是随从他们呢，还是坚持爱护公共财物呢？这时，坚持正确行为最重要。

有一句诗这么说："一枝独秀不是春，万紫千红春满园。"我们可以把句子里面的"春"比喻为美好的社会。要建立美好的社会，仅靠一个人的力量是不够的，需要人

珍爱公共设施

人都有良好的行为。可是，现实生活中难免有一些人，会做出有损公共财物的行为，我们可以适时地帮助和提醒这些人，共同维护美好的家园。不但自己要保护公共财物，还要劝导自己的好朋友和同学爱护公物，这样大家都提高认识，行为也就文明了。

公共财物面临险境时学会呼救报告。有些人盗窃国家公共财产，损害公众的利益。如果你发现了这种现象，要学会报警。少年儿童不要单枪匹马地与这些犯罪嫌疑分子面对面地作斗争，可以迅速想办法报告周围的人。如果公共财物遭遇火灾，要马上拨119报警，呼叫更多的成人抢救公共财物。

做力所能及的事情。如果发现公共财物被损坏了，为了美观和便利，我们可以做一些力所能及的事情。比如洁白的墙壁、平整的桌面因遭到乱涂乱画而不堪入目，我们可以拿起抹布擦洗干净；如果桌椅上螺丝松动了，我们可以拿工具拧一拧；校园的花草被践踏了，我们可以扶一扶；教室里的门窗有损坏的，我们可以想办法修一修。

打公用电话的礼仪

打公用电话要速战速决：

现在打公用电话的人越来越少，打公用电话的主要有三种人：一种是没有手机的，还有一种是忘了带手机，或者手机恰好没电的。在现代社会，公用电话实际上已经成了移动电话的补充，更多的是应急用。所以打公用电话的基本都是有急事的，打电话者就不能用公用电话聊天，或者无关紧要的事说上好几分钟，切忌没完没了，要速战速决。

私密话不适宜用公用电话拨打：

恋人尽量不要用公用电话来聊天，那些过于私密的话可以在见面时说，或者换种方式交流，比如发电子邮件等，否则在公共场所说就有些不雅，某种程度也是违背公德的。如果内容涉及政府部门的公务，或者商业往来中的商务秘密，也尽量不要在公用电话中说，以防泄密。

爱护公共设施是每个人的责任：

打公用电话时要轻拿轻放，不能一通乱摔、乱捅。如果遇到无人值守公用电话出现故障，可以想办法通知相关部门解决，而不要自己随意修理，以免损坏。如果发现有人恶意破坏公用电话，可以立即举报，绝不能坐视不管。

通过技术等多种手段防止恶意拨打或恶意盗打：

有些人闲得无聊，拿公用电话一次次拨打 110、120、119 等紧急报警、呼救电话。这是一种严重丧失公德的行为，这种行为不仅干扰了相关部门的工作，而且会给真正需要拨打上述电话的人造成困扰。另外一种恶意行为是通过破解公用电话的密码盗打电话。本市曾发生过一些人利用高科技手段使电话计费系统失灵，从而免费拨打长途电话的事件。这些行为已不仅仅是丧失了公德，而变成了犯罪。国家相关部门可以通过多种手段来防止恶意拨打或盗打。

打公用电话注意语气、态度：

既然是公用电话，那就一定是在公共场所。在公共场所打电话就要考虑到其他人的感受。旁若无人地高声说话，对其他人是一种噪声和干扰，以正常说话的语气、音量与对方交谈即可。当然如果总捂着嘴、声音低沉、一副怕人偷听的样子也会让周围的人感到不快。

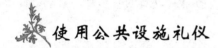

使用公共设施礼仪

公共设施是属于社会的公有设施，范围涉及公共交通、公共通讯、公共娱乐、公共体育、公共卫生、公共照明及城市美化设施等。

这些设施属于全社会公用，每个社会成员包括中学生都是社会的主人，都可以使用这些公共设施，也都有义务爱护这些公共设施。公共设施遭到破坏，个人利益也会受到损失。每一个有道德的人都应自觉地爱护公共设施，提高自己的文明程度。

除公共交通设施以外，人们使用最多的公共设施，要数公用电话、邮筒、公共厕所、公共垃圾桶及公共照明等。对这些公共设施要掌握使用方法，特别注意爱护。

对投币式公用电话，应按规定的数额投足硬币，不可将其他杂物塞入投币孔。使用磁卡电话，应将磁卡轻轻插入，通话完毕，耐心等磁卡退出，不可强行塞拽，损坏话机。

电话轻拿轻放，说话简洁明白，通话时间不宜长，以免影响其他人通话。

进入公共卫生间，按规定交费，大小便后主动放水冲洗，手纸丢入废纸篓内。使用卫生间的盥洗设备，不要开长流水，注意节约。在一些人流量大的地方使用卫生间，要遵守秩序。

对街头新增设的公共没施，如自动售报亭和自动售物机，应先弄清使用方法和要求，按规定操作，不可马虎从事，损坏机器。对尚不会使用的先进公共设施，不可自以为是，盲目使用，应虚心向别人请教，以免损坏。

为美化人们生活，不少城市开辟了绿地广场、街心花园，还建造了一些城市雕塑、音乐喷泉。一道道美丽的城市风景线，增添了人们生活的情趣；一曲曲和谐的城市交响乐，陶冶了人们的情操。人人爱美，更应精心呵护这城市美的象征。要做到：保持这些公共场地的卫生，不乱扔果皮纸屑，把果皮纸屑扔到附近的垃圾箱内；不可图自己省事，穿越草坪，踩坏绿地；不可为照相而攀登塑像。

中学生要养成爱护公共设施，正确使用公共设施的好习惯，以自己的文明行为，为美的生活增添光彩。

文明乘电梯

在我们的日常生活工作中，往往能听见这样的抱怨声，这电梯怎么还不来？于是，乘客便急不可待，不停地按电梯呼梯按钮，有的人甚至用脚踢门。小区电梯门，梯门斑驳丑陋，甚至有的露出被小刀划割的伤痕……竟然还有人把自动扶梯当成"跑步机"强身健体。这些行为十分不雅，十分不文明，这样的行为只会给自身形象抹黑。

种种不爱惜电梯的行为在日常生活中相当常见，作为现代我们家居生活最亲密的朋友，善待电梯，实际上也是善待我们自己，为我们的安全和方便负责。善待电梯，需要我们从点滴做起。乘坐电梯时讲文明讲礼仪，

文明乘电梯

是善待电梯的最具体体现。按呼梯按钮，一次即可，不反复乱按，不用伞柄、木棍、尖刀、钥匙等器物指戳，更不要以脚代手。不在电梯内大声喧哗、嬉戏，不乱蹦乱跳，不左右摇摆，以免安全装置误动造成乘客被困在轿厢内，影响电梯正常运行。爱护轿厢内设施，如操纵盘、楼层显示器、警铃按钮、摄像头等，不将口香糖贴在按钮上，不在轿厢内乱写乱画，乱扔污物，这样既保持了电梯轿厢内的清洁，又保证了电梯的使用寿命。自觉不在电梯内吸烟，既有利于他人健康也有利于避免火灾发生。

电梯，为我们的生活提供了便利，也检验着我们的文明素养，我们应该也必须善待它。善待电梯，就是降低维修成本，延长电梯寿命；善待电梯，就是对我们的生活质量负责，对我们自己的生命安全负责。

洗手间礼仪小贴士

清洁用过的厕所：

当你用完厕所，就要即时放水冲洗。有的地方，即使贴了告示，有人还是一走了之。我知道，这个坏习惯很难改过来，就是在我办公场所的厕所，也还是有这样的情况。所以，我们一定要相互提醒才是。

毛巾、纸巾和烘手机：

在国外，大部分厕所都有烘手机、毛巾和纸巾擦手，这是专为洗手后准备的。中国很多公共厕所都没有这些装备，有的地方尽管有，不少人却

公共场所的礼仪

又对此视而不见。有些人习惯洗手以后一边走路一边挥动双手，请注意千万不要这样做，这样会把地板弄湿。在湿的地板上踩进踩出，地板很容易就会变脏。

要关门吗：

用洗手间时要关门，用完洗手间时不用关门。

我常常看到相反的情况，这是不对的。当你用完了洗手间，出来时不用把门关掉。洗手间应该是漂亮、干净，而且没有气味的地方。

军训的礼仪

礼仪，对于军队、军人来说，是十分重要的，它是军威的体现，是军魂的内容之一。

甲午海战之前，日本海军上将东乡平八郎应邀参观了北洋水师"镇远号"巡洋舰。当时，日本对北洋水师的战斗力还是有疑虑的。东乡平八郎回国后，向当局报告说，清朝的海军虽然吨位多，但是没有战斗力，不堪一击。东乡平八郎根据什么得出这样一个结论呢？他根据两件小事：

一是他看到"镇远号"的炮管上晾晒着水兵的衣物；

二是当他参观完下舰时，看到自己的手套脏了。后来，在甲午海战中，北洋舰队果然全军覆没。

可见，军队仪容看似小事，却反映出军威。严整洁净的军容，周到的礼节，正规的军纪，井然的秩序，反映出军队的素质，反映着军队的战斗力。不讲礼仪的军队会溃不成军。刘伯承说过："我们人民军队是礼仪之师，文明之师……"

对于军人来说，懂礼节，有礼貌，是一个军人有良好素质的体现。

同学们参加军训，学习军仪，是一项重要的内容，按照军队礼仪的要求去做，是提高自己的文明程度，提高自身素质的重要途径。

1. 整齐划一、庄重、洁净的仪容。整齐划一的仪容是军队所特有的，是与军队高度集中统一的特点相应的。参加军训应力求做到仪容上的整齐划一，比如按要求着装。没有条件穿军装时，也应当规定较统一的衣服，统一穿着。每个同学都要认真执行，不能强调自己的困难。

军训中着装要规范，扣子系齐扣全，领子翻好，卷起的裤腿要放下拉平。

统一而规范的着装使整个队伍气概非凡、精神饱满。

宿舍中，日用品、衣物、被子的摆放要整齐划一。用品要放在指定的位置上。不能想放哪就放哪。

被子叠好放齐，拍出棱角。这不是摆样子、搞形式，而是严谨的、一丝不苟的军队作风的体现，因此不是可做可不做的事，必须要做到。

合理膳食

洁净指的是搞好个人卫生、宿舍及环境卫生。脏衣服随换随洗，不能泡在盆里或堆放起来。充满汗臭味的宿舍让人难于置身其中，给别人带来不便。而勤劳、麻利的劳动习惯是军人必须具备的，也是同学们必须努力做到的。

最能体现整齐划一的是服从命令听指挥。

2. 尊重上级，服从指挥。军队中，上下级互相尊重，下级服从上级是特别必须的，没有这一条，军队无法统一指挥。军人的这种意识又是从日常的礼仪中培养训练出来的。作为学员兵应当特别认真执行。

训练中，认真服从口令，听从调动。

受到批评，被点名出列，个别操练，这在军训中是常事，没有必要觉得伤了自己的面子而强词夺理，为自己辩护，甚至拒不执行口令。认真服从，尽量以一个真正的军人的标准要求自己，按照军队礼仪要求去做，就体现了尊重上级。

行走中，遇到班、排长或教官等，应主动打招呼，问好，不能视而不见。

宿舍中，当上级（包括老师）进屋时，应立即起立，问好让座。未经允许应站立说话。

3. 庄重、严肃是军人的风度，是军风的重要特点。坐、立、行、走尽量以军人的标准要求自己。这个标准概括起来就是"站如松，坐如钟，行如风"。

军营内行走，不准将手插入衣袋内，不准背着手走路。几位同学同行不要搭肩挽臂，不能边走边吃东西，那些举止与军营的庄重气氛不相合。

参加军训，虽然同学们不是一个真正的军人，但也应该用一个军人的标准要求自己，学习解放军，要从军仪、军风学起。这样才能提高自己的文明程度，提高自己的素质。

文明走进图书馆

图书馆属于一个公共场合，但与其他公共场合完全不同，这里是学习知识的圣地，谁都不可以破坏这里的公共秩序。

图书馆不属于哪个人专有，凡是渴望得到知识的人都可以来这里学习。如果不遵守这里的公共秩序，就会影响到许多人，使他们无法安心学习。所以懂得一定的公共礼仪知识，是每个中小学生所必须的。

图书馆中的书籍属大家共同的财物，不但你需要它

讲究图书馆秩序

的帮助，别人也需要。无论书中的资料对你多么重要，都不能擅自撕下，必要时可随身带笔记本摘抄下来，更不能不经允许就私下把图书馆的图书装入自己的书包带出馆外，这不仅是礼仪问题，还是道德品质问题。

书籍是我们的精神食粮，自己的书籍要爱惜，图书馆中的书籍更应加倍爱惜。如一人在书上乱涂乱画，将会给许多人的学习带来不便。

查阅图书目录卡片时，要爱惜卡片，不要乱涂、乱翻或撕坏。办有借

书卡的要持卡办理借阅手续，及时归还图书，尤其是"热门书"更要及时归还，以便续借和方便其他读者借阅。查阅图书，要轻拿、轻翻、轻放，实行开架的书刊，要一本本地取阅，查阅完毕后要及时送归原处，放整齐。

图书馆是文化气氛极浓厚的圣地。进入图书馆首先要保持安静，不可高声谈笑，不可大声吵闹喧哗。

在图书馆内学习，免不了与别的同学或朋友打交道，在这里，尤其要注意同学之间互尊互让的礼节。

一天中午小华与好友小丽一起去图书馆查阅资料，图书馆内正是高峰期，许多学生坐在里面看书。小华到处找自己需要的书籍，始终没有找到。眼睛不经意地向旁边一扫，却奇迹似的发现了那本她期待已久的书籍，高兴之下，拿起来就翻，结果坐在她旁的那位男生告诉她："这本书是我需要的。"小华一愣，马上不好意思地悄声说："对不起！"那位男同学一笑，示意可以让她先看。小华心里非常感激。从此，他们成了好朋友。

到图书馆查阅资料或学习时，如碰到朋友、同学或老师、长辈，与他们打招呼时应热情而不大声叫嚷，有礼而不粗暴，维持好图书馆的文明秩序及安静的环境。

在图书馆与人打交道时，要特别注意对别人的称呼，尤其工作人员要以礼相待，称呼与工作人员的身份、年龄相符，千万不可大声以"喂！喂"相称，这是极不礼貌的行为。以下是一些在图书馆各地方要注意的行为：

到休息室用餐

进入图书馆学习，如果需要长时间看书、查阅资料，并且自备了午餐，为了保持良好的气氛和公共卫生，应到休息室、目录厅或室外用餐，不能在阅览室进餐，以防污染环境。

1. 保持馆内卫生

图书馆是学生学习和交流知识的场所，每一个到图书馆学习的学生都要特别注意维护这里的环境卫生。要有公德意识，不乱扔纸屑，不携带零食，不随地吐痰。让每个人在这里都能清清爽爽地学习知识。

2. 警惕书刊上的病菌

书刊是知识的源泉，是中小学生的精神食粮，是青少年健康成长的良师益友。但图书馆和阅览室的公用书刊，由于流动范围广，人们在借阅过程中很可能沾染上致病的细菌和其他有毒物质，如不注意卫生，有可能受到病菌的感染而得病。

书刊的致病因子，往往被人们所忽视。实际上，书刊存放时间久，或借阅频繁，在流通过程中，特别是经过患有某种传染病的患者借用过，就有可能把病菌传染给别人。因此，为了防止借阅公共书刊传染疾病，可以将借阅的书刊在阳光下暴晒消毒，或换上书皮隔离。另外，不要把食品放在书上，更不能用手沾上唾沫去翻书页，即使新书也不要这样做。如果自己是传染病患者，最好有自知之明，暂时不借阅，也不传阅公用书刊，以免传染给别人，影响别人的身体健康。

3. 美化自身，美化图书馆

中小学生进入图书馆，阅览室学习，要衣着整齐、干净，不要穿拖鞋、背心就闯进去，这是极不礼貌的行为，不仅有损学生的美好形象，而且对图书馆的环境气氛也是一种破坏。

 医务室就诊礼仪

同学们到医务室看病，或陪同病人到医务室，就诊要遵守秩序。挂号要排队，候诊时要耐心等待，听从医务人员安排。不要大声喧哗，也不要到处走动，更不可在候诊室里吐痰、丢果皮纸屑。若因病情原因，需急诊或提前就诊，必须征得有关医护人员和病友的同意。

与病友相处，要以礼相

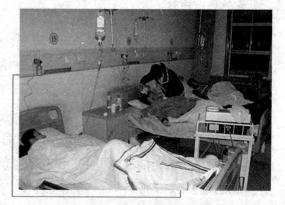

学生在医院就诊

待，切不可因自己或亲人有病，就不冷静不理智，贸然行事，影响就诊的气氛。

要相信和尊重医生。当医生询问病情时，要如实回答，不可随意夸大或缩小、甚至编造病情，以免误诊。对诊断结果、治疗方案、注意事项等有不明白的，应有礼貌地向医生询问，不可随意打断医生的讲话，甚至与医生争吵。在就诊过程中，要主动配合，协助医生做出正确诊断。

遇到不负责任的医生，不要发火，要耐心向医生陈述病情，征求意见。如果不能解决问题，可以向医院领导反映，不要大吵大闹。

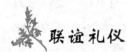

联谊礼仪

中学生的联谊活动不只是为了丰富学习生活，更是为了活跃校园文化，培养学生能力，促进思想交流，展示青春风采。因此，联谊礼仪就显得尤为重要了。下面就班际、校际、国际间的联谊活动的有关礼仪谈一谈。

（一）班际联谊活动

1. 确定主题，作好准备

班与班之间开展联谊活动，首先要明确主题。主题的确定，应突出互相学习、促进本班班集体形成、促进全体同学德智体全面发展的目的。这样的联谊活动应作好充分的准备，先由联谊双方共同组成筹备班子，制订出详尽的方案，如活动开展的时间、地点、内容、形式、程序、主持人、嘉宾等具体细节都必须有周密的安排，再由双方共同布置联谊场地，书写、张贴有关联谊活动的海报。

2. 按照计划，逐步实施

双方同学在老师或班干部的带领下，准时有序地进入活动场地，根据活动性质着装，或严肃或活泼。入场后依次入座，如果不进行"对抗"性质的活动，双方同学可互相穿插就座，以便于进行思想交流。

3. 文明礼仪，情趣高雅

在联谊活动中，要讲文明讲礼貌，自己一方应谦虚，对对方要礼让。活动的内容要健康向上，既给人以美的享受，又使人从中受到教益，切不可为了使气氛活跃而有无趣之言或无聊之举。

4. 互相配合，积极参与

联谊活动不应该有旁观者，要积极参与，切忌冷眼旁观，同学们要谦虚自重，又不扭扭怩怩；要热情主动，又不各行其是；要落拓大方，又不哗众取宠。每个学生对别人的表演或主持的活动都应表现出应有的尊重，时时以掌声鼓励，而不可嗤笑、讥讽，甚至侮辱他人。

5. 广泛交流，提高品位

中学生联谊活动中往往有自由活动的时间，在这段时间内，要尽量使气氛轻松、融洽，围绕主题交换意见。彼此应尊重对方的见解。要以谦逊的态度说话，切不可"这不好"、"那不行"地妄加评论，应寻找双方都感兴趣的话题。交流中要讲究思想品位，不说不利于友谊的话。

6. 善始善终，圆满结束

活动主持人宣布活动结束，应起身互相道别祝好；送走来宾后，应立即主动清扫场地；必要时要安排人护送对方同学回家。总而言之，要使整个活动善始善终，给人留下无穷回味。

（二）校际联谊活动

中学生校际间联谊活动往往是在希望工程对口学校、友好学校间进行的，因此，学生更应讲文明有礼仪。第一，这类活动的参与者不只是代表个人，而是代表整个学校，从每个同学的言谈举止之中，可以看出一个学校的学风、校风，体现一个学校的整体水平和综合实力，这些都关系到学校的声誉。第二，这类活动的目的是为了加强校际间的交流，互相学习，增强友谊，任何礼仪上的疏忽，都可能给联谊活动带来不良影响，而有悖活动目的。校际联谊活动往往是由学生会组织，对多数学生来说，只是活动的参与者，在此，我们只就中学生参加活动时应注意的礼仪阐释一下。

1. 行为礼仪

要准时列队入场，对号入座，不大声喧哗，不疯打追闹。在场内不随便走动，如果离开座位需打扰他人时，要注意礼仪，应说"请"、"谢谢"，不可硬性穿插，更不可推搡。

2. 仪表礼仪

最好统一着装，身穿校服，佩戴校徽。注意整洁，精神振作，面带笑

统一的校服

3. 活动礼仪

联谊活动往往既有统一安排的节目，又有自由活动时间，因此，在整个过程中都要注意礼仪。在统一安排的活动中始终要守秩序，要与活动主持人和活动承担者积极配合，主动沟通交流，为精彩的场面喝彩，不可起哄、尖叫，视具体情形适时鼓掌，服从安排，听从指挥。在自由活动时，做到自由但不散漫，个人的行动服从大局的行动；与人交谈声音不宜过高，不能说些与活动无关的话，也不要为自己所能而津津乐道；行走注意礼让，不能目中无人，横冲直撞。在组织者宣布联谊结束时，主动同自己附近的对方学生道别。

4. 言语礼仪

联谊活动避免不了要和对方交谈，在交谈中要注意谈吐，要文明不要粗俗，要自然不要拘束。谈话时要目视对方面部，注意力要集中，不要东张西望，不要手脚不停，不要漫不经心，不要呵欠连天。

出席文艺演出的礼节

应邀：接到晚会请柬，能否出席，应及早回复主人，以免剧场空缺，影响气氛。如不能出席，已送来的戏票按主人意见处理。

入座：请柬如附有座位号码，应对号入座。如无座次，到现场按本人身份地位了解座位分配情况，然后入座，勿贸然坐到贵宾席。入座应脱帽，妇女可带披肩或大衣入场。

遵守秩序：演出进行中应保持肃静，不要谈话，不要大声咳嗽或打哈欠，更不要打瞌睡。观看节目，主人可略作介绍，以让客人自己欣赏，即

169

席翻译声音要轻。在国外看戏，如非专场，最好事前了解节目内容，情节梗概，现场大略译几句，尽量不要说话，否则会引起周围观众不满。

演出场所禁止吸烟，更不能嗑瓜子、吃零食。

鼓掌：节目在演出进行中不要鼓掌，不要叫好，更不要吹口哨。节目终了，报以掌声。切忌对节目表示不满或失望，除有政治问题外，一般都鼓掌。

观看体育比赛，要发扬优良的道德风格，尊重客队。不起哄，不吹口哨，不鼓倒掌、喝倒彩，对客队的成绩，应热烈鼓掌。

做文明观众

观看影视剧

在影剧院观看电影、戏剧或是欣赏音乐会，要特别注意两个方面的关系：一是与观众的关系。要考虑自己的言行、举止是否影响旁人；二是与演员的关系。要考虑自己是否尊重他们的辛勤劳动。

进入影剧场衣着要整洁、合时宜。

要提前10分钟入场，找寻座位稍事休息，不要迟到。看电影如果迟到了，要跟随引座员进去，姿势要低，不可影响他人。当同排观众给你让座时，要表示感谢。穿过去时，最好不要撅着屁股，背对着人家，可面向或侧向别人进到自己的座位上。观看演出迟到了，则应在幕间静场时入座，而不能在演出过程中入座。

自觉遵守剧场规则，不得在场内谈话、吐痰、吃东西，更不能喧哗和碰响座椅。

观看影剧时，应摘下帽子，不要左右摇晃，以免妨碍后面观众的视线。

观看影视剧时

不要把脚踏在前排座位上，这会弄脏椅子和前排观众的衣服，也不文明雅观。

观看影剧时，除了因情节有趣引起的笑声外，需要绝对的安静。影剧场不需要现场"评论家"。

观看演出时，每个节目演完，要鼓掌表示感谢，整个演出结束，要热烈鼓掌表达谢意，等演员谢幕完毕，再离开座位。

由于各种演出的形式不同，观赏时对鼓掌也有不同的要求，应特别地予以注意。观赏中华艺术的瑰宝——京剧、地方剧时，精彩处可叫好、鼓掌；而聆听交响音乐，欣赏芭蕾舞剧、歌剧，则不宜在演出中间鼓掌，更不可在自认为精彩处鼓掌，以免影响演出效果和氛围；观看现代摇滚乐，容易唤起听众的参与感，往往呐喊、鼓掌不断。对演员的失误，要给予谅解，不要喝倒彩、起哄、吹口哨、跺脚。电影放映中断，要耐心等待，不能呼叫。对扰乱演出秩序的人，观众有责任进行规劝，以保证演出正常进行。演出或放映中，尽量不要退场，实在有急事，也要轻轻离开座位，切勿影响他人。演出临近尾声，不要提前离座，匆匆忙忙地走向出口，影响他人观看，应等演出结束，再有秩序地退场。

参观礼仪

中小学生在成长过程中时常在老师、家长的带领下走出学校、走出家庭到社会上观赏名胜古迹和现代建筑，参观各类博物馆、展览馆。

参观活动是中小学生获得知识、增长知识的途径之一，中小学生必须懂得参观礼仪，做文明观众。

参观名胜古迹和现代建筑、工程、革命遗址时，要怀着强烈的求知欲望和勃勃的兴致，细心地观察、欣赏，认真地阅读各种说明介绍，认真地听讲，通过耳闻目睹去获得知识，切勿走马观花。

到博物馆参观时，要遵守参观规则。进馆参观要从前言开始依次观看展出的图片、实物、说明材料等，并做些笔记，不能前后乱窜，或凭自己的兴趣停滞不前，影响后面的观众参观。如有讲解员讲解，要听从讲解员指引，认真听讲解，不要随便插嘴，不能随便讲话，以免影响讲解和别人听讲，如有疑问可等讲解员空闲以后再向其咨询。

参观展览讲究秩序

观看馆内实物，不能用手触摸，更不能偷、拿实物，若有损坏，要照价赔偿。参观时不能吃零食，随地吐痰，乱丢异物。

购物礼仪

中学生在日常生活中常常要到商场购物。购物中应讲究文明，要学会购物礼仪。

在我国，营业员与顾客之间是相互平等的关系，应该互相尊重。营业员固然要文明经营，礼貌服务，而顾客也应该尊重营业员的劳动。

走进商店购买商品时，要用恳切的声调招呼营业员，不要"喂、喂"叫人，更不能盛气凌人，用命令式的语气说话。营业员正在为别的顾客服务时，应在旁稍等片刻，不要急于招呼。有时商店里声音嘈杂，营业员没有听见你的招呼，这时千万不要用手敲击柜台和橱窗，应耐心等待或继续

保持购物秩序

招呼。

在挑选商品的时候应事先有所考虑。如果只是看看，并不准备买，尽量不要让营业员把商品拿给你，即使打算买，挑选时也不要过分挑剔，以免影响营业员为别的顾客服务。当你挑选某些易损、易碎、易污的商品时，要谨慎小心。如不慎损坏了商品，又没有什么补救的方法，应主动赔偿损失，或者把损坏了的商品买下来，不要强词夺理不认账。

节假日商店里顾客较多，我们更应该注意礼貌，自觉遵守秩序，排队购物，不要争先恐后，乱挤或插队。如果你有急事需要先买，应向营业员和排在前面的顾客说明理由，征得他们同意后，方可购买。如遇到外宾、老弱病残者，或有急事的顾客时，应该主动让他们先买。

营业员有时难免会发生一些差错，如果错拿商品，找错零钱，作为顾客应给予谅解，耐心指出，善意提醒，帮助营业员及时纠正。如营业员不虚心接受，也不要和他争吵，可以找柜台负责人或商店领导人说明情况，要求解决。

有时，由于事先没有考虑周全，或其他原因，需要调换买好的商品，要耐心向营业员说明调换原因。当营业员根据有关规定向你说明不能调换的时候，不应强争，以免影响营业秩序。有些商品如食品、易损商品是不能调换的，购买这些商品时更要事先考虑周全，即使买得不满意，也不能要求调换。

当遇到态度不好的营业员时，要耐心说理，也可提出意见，或向商店领导反映，千万不要以眼还眼，以牙还牙，发生争吵；如果是自己违犯了商店规定，或影响了他人，要主动道歉，接受批评。

当购物完毕，离开柜台时，应向营业员道谢，感谢他们的热情服务。尤其是营业员帮助你解决了特殊困难时，更应感谢，或写在留言簿上，或写信提出表扬。

公共场所的礼仪

保持商店的环境卫生也是文明行为之一，应该注意不要随地吐痰，不乱扔果皮纸屑和商品的包装纸。当你购买了易染、易碎的商品时，要小心携带，不要碰着别人，以免沾污别人的衣裳。当不小心发生这样的情况时，应主动赔礼，请求谅解。

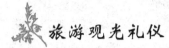

旅游观光礼仪

旅游是人们现代生活的重要内容。随着生活水平的不断提高，人们参加旅游的机会也越来越多。攀名山，涉大川，游览祖国大好河山，能陶冶性情，锻炼体魄，开阔视野，激发爱国热忱。旅游是一项文明而高尚的活动，中学生正处在长身体、长见识的时期，应学习旅游礼仪，做一个文明的旅游者。

（一）乘坐交通工具

外出旅行，无论是乘车、乘船、乘飞机都要遵守有关的制度与规定。车、船、机票购买以后，要查看时间、出发地点及到达地点是否有误。行前做好充分准备，提前到达乘坐地点。如果参加乘汽车连续游览若干景点的旅游团体，在每一个游览点都要准时到达候车点（一般应略有提前），千万不要因个人迟到而让全车人等得心急火燎，败了大家的游兴。

在旅行途中，要主动关心同行的人，尤其是对女同志和孩子及身体较弱的人，应搀扶提携，让路让座、多加照顾。还要注意旅行安全，协助乘务员、公安人员维护秩序，保管好个人行李物品，上下车船不争先抢行，以免发生意外。

对车、船、飞机上的各种仪器仪表、开关设备，不可受好奇心驱使乱开乱动，以免造成意外事故。不会使用的公共设施，应询问清楚以后再使用。

（二）问路

在旅行中，如果路线不熟，应及时询问，防止走弯路。问路时要注意礼貌，吐词清楚，用普通话，问人时，应视对方的年龄、身份用恰当的称呼，如"老爷爷"、"阿姨"，亦可用"同志"、"先生"、"小姐"、"小同学"等等，然后再开始询问，询问前千万别忘了说"请问"、"劳驾"、"请您"。当对方回答时，态度应谦恭，全神贯注地听，不能四下张望，或与同行人议论。当对方回答结束时，应说"谢谢"、"麻烦您了"或"打扰您了"等致谢的语言，切勿不辞而别。

如果是到住户找人问路，应先轻轻叩门，同时有礼貌地问"有人吗?"当得到允许后，方可进屋。敲门时不要过急过重，更不要莽撞地推门而入，并要注意避免在人家用餐或午休时间问路。

对不愿回答问题的路人，不可勉强，更不能因别人的不合作态度而骂之、辱之，可另外再问别人。

(三) 游览参观

名胜古迹是我国宝贵的文化遗产，也是劳动人民智慧和血汗的结晶。珍惜爱护名胜古迹，是每个公民的责任。因此在旅游中要注意以下事项:

爱护景点公共设施

第一，爱护旅游景点的公共财物、公用设施。大至房屋建筑，小至花草树木，都要珍惜爱护，不得随意损坏。不要在古迹遗址上乱刻乱画什么"××到此一游"之类。不要攀折树枝、采摘花朵，不要用棍棒撩拨动物，也不要用石头杂物掷打动物。

第二，保护旅游景点的环境卫生，保持安静。进入旅游区，不要大声喧闹，不要随地大小便，不要乱扔果皮纸屑，尤不可将废弃物抛入水池中。在草地、路旁野炊后，要随手将餐具（如一次性饭盒）、剩余食品及其他杂物拾起装进塑料袋中，然后丢到垃圾桶内，以保持清洁。

第三，注意安全。遵守旅游景点的安全规定，特别是攀山越河，乘坐高空游览车或是危险性大刺激性强的大型电动玩具，一定要量力而行。如有危险，应及时报告，不可仅凭个人兴趣，做一些冒失、危险的事情。进入森林公园，或是封山育林的旅游景区，绝对禁止烟火，不要因小事疏忽而酿成大祸。

第四，尊重旅游景点所在区域人民的风俗民情，尊重当地人们的宗教信仰和宗教习惯，爱护宗教器物。进入边疆、少数民族地区，要入乡随俗，尊重他们的民族习惯，哪怕有些不适应，也不能随意违背或是破坏。

第五，礼貌待人，互相谦让。旅游旺季，游人如织，不要争先恐后，这既是礼貌

注重旅游景点民俗风情

待人，也是为大家的安全着想。在狭窄、险峻的山道路口，更要互相关照，缓慢而行，一些旅游事故就是常发生在这些拥挤的地段。外出旅游，总要摄影留念，当自己拍照，发现有人走近而妨碍镜头时，应有礼貌地向人打招呼，"对不起，请稍等一下"，或是"麻烦您站过去一点"，不可大声叫嚷、斥责或是上前去推拉，拍照完毕还应向人道谢。当必须穿过别人拍照地点时，应先示意或是等候别人拍照后再通过。

互相谦让，文明旅游，会使得每个人在饱览祖国大好河山的同时，领略人与人之间的美好情意。

食堂不要忘记规矩

学校食堂就餐人数多，就餐时间集中，工作人员往往比较繁忙，作为学生，应注意就餐的礼节。

首先，要注意公共卫生。进食堂不可随地吐痰，不可向地面泼水、扔杂物，剩余的饭菜倒在指定地方。

其次，按规定时间就餐，遵守秩序，互相礼让，自觉按先后次序排队购买饭菜，不要硬挤或插队，更不应打闹、起哄和出现其他不文明行为。工作人员繁忙顾不过来时，要耐心等待，不要敲柜台、餐具，或挥舞手臂，

洁净卫生的食堂

也不要"师傅、师傅"地叫个不停，更不能隔柜台伸手拉工作人员的衣袖、衣角，这些做法都是失礼的。轮到自己打饭时，要客气地讲话。打饭后，应礼貌地说声"谢谢"。再次，进餐时应注意节约粮食。例如，馒头不小心掉在地上，应捡起，不要碍于面子而显得过于"大方"、"潇洒"，一脚踢开，以显示自己多么"高贵"。所购买的饭菜，以吃饱为度，不要超量购买，以免吃不完造成浪费。

最后，吃饭时，如发现饭菜有异物或质量问题时，可找有关管理人员有礼貌地说清楚，以帮助食堂改进工作，提高服务质量，不可感情冲动，大发脾气，失去理智，吵闹不休。如果一味坚持粗暴无理的态度，不但不利于问题的解决，而且还会引起食堂工作人员的反感，降低学生的人格。特殊情况下，还会引发学生与食堂工作人员关系的恶化。

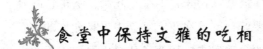

食堂中保持文雅的吃相

学校食堂是师生共同就餐的场所，在这里就餐与在家不同，需要注意各方面的礼仪。待排队轮到自己点菜时，要对服务员有礼貌，即使服务员有什么不周的地方，也不要计较，与其大吵大嚷。因为就餐人多，服务员特别忙，你要给予理解。

点完菜之后，要耐心等待，不要急声催促；与服务员讲话时要注意礼貌用语；待服务员送过饭菜时要说一声"谢谢"。这样做，才是一个学生道德修养及文化修养的表现。

没有一个人说自己不会吃、不会喝，但确有许多人不敢保证自己吃的文明，喝的礼貌。在西方，一个人的吃相几乎比任何别的社交礼仪都更能显示出其是否具有良好的教养及风度。所以，吃态如何大有讲究。

俗话说"民以食为天"，可见饮食在人的日常生活中占据何等重要的地位。我们中华民族的饮食文化源远流长，饮誉世界，其中自然也少不了一套饮食礼仪。一个知书达礼的人，站要有站相，坐要有坐相，同样，吃也要有吃相。在某种意义上，"吃相"更能反映出人的教养程度，那么，什么样的"吃相"才算文雅呢？

文雅的吃相具体表现在以下几个方面：

第一，吃饭时，在入座之后，可以一面做好就餐的准备，一面和同席人随意交谈。不要旁若无人，兀然独坐；也不要迫不及待，一副馋相。

第二，食物送入嘴中应该闭口咀嚼，要把咀嚼食物的声音限制在最小的程度之内。当咀嚼较坚硬的食物时，尤其要特别注意，若不闭口就会发出较大的"叽叽叽叽"的咀嚼声，不仅显得吃相不雅，还会影响别人进食的情绪。

第三，用餐的动作要文雅，夹菜时不要碰到邻座，不要把盘里的菜拨到桌上，不要把汤打翻。

第四，喝汤应用汤匙一勺一勺送入口中。端起碗来一口气喝下去，既是不礼貌的也是不文雅的。如果汤菜太热，可以用汤匙在碗里慢慢搅动，但不要用嘴对着汤吹。

第五，用餐过程中，有些东西需要吐出来，如吃鱼吐刺，吃排骨吐骨头渣，还有可能饭菜中有沙子需要吐出，这在正式宴会中也是允许的，问题是吐得一定要合乎规范。一般的食物残渣应用筷子从口中取出，放在自己前面的桌面上或专用的容器里，而不能低下头嘴对着桌子直接吐出。如果饭菜中有沙子，则应离开餐桌吐到卫生间去，而不应直接吐到餐桌上。

第六，切忌"狼吞虎咽"

吃量适中是指每次送进口中的食物量要适当。每次送进口中的食物量太少，不仅会影响进食速度，而且会让人觉得造作。相反，每次都将过量的食物填入口中，以致把两腮胀得鼓鼓的，不仅不利于消化，而且显现出的吃相也十分不雅。

用餐的速度不宜过快，狼吞虎咽一口紧接一口，颇有与人抢食之嫌。

进餐时不要打喷嚏、咳嗽，万一不能抑制，必须把头转个方向，以手帕掩住口鼻。餐后不要不加控制地打饱嗝儿。

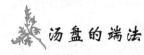 汤盘的端法

在端汤盘时，要格外注意安全，食堂人多，若不小心将汤撒在地上，不但会污染食堂环境，而且还会溅到自己或别的同学身上，烫伤自己或别人，引起意外发生。

（1）轻托盘的行走

学生在端汤盘到餐桌用餐时，应左手托盘、左臂弯曲、掌心向上、五指稍曲分开，将盘平托于胸前，略低于胸部，行走时，头应正，肩应平，上身应直，两眼平视前方，不可眼看盘面，脚步轻捷自如（以汤水不外溢为限），在过路和交叉相遇时，应尽可能快地在右侧行走，以免碰撞，发生烫伤人的意外。

（2）重托盘的行走

重托盘行走时，步伐不宜过大，过急。应尽量保持头正、肩平、上身直，随着行走步伐而让盘面上、下微动，切不可使盘面左右或前后晃动，更不能让盘面向外倾斜，以免盘不协调而掌握不住重心。

手端汤盘到餐桌后，要轻轻放下，不要使汤溅出，如不小心汤溅到别的同学身上，要礼貌地说声"对不起"；如别的同学不小心将汤溅到自己身上，也不要大动肝火不饶人，把汤盘放在桌上后再落坐，落坐时动作要稳、要轻，以免打翻桌上的杯盘。

弄翻餐桌食物时如何处理

在餐桌上不小心弄翻了食物，不论对肇祸者或在家里举行餐宴的主人来说，都是件令人不快的事。弄翻东西的人当时会恨不得地上出现个大洞，好让他钻进去，而不必面对这种叫人困窘的场面。至于主人这一方，则通常会力持镇静，脸上不带表情，但是心里头不免会失望地想，这一来餐桌上到底会受到什么程度的损害。对每一个人来说，这个时候都会是一个难

捱的时刻。

如果你一时不小心或侍者不小心，将少许的茶或汤汁溢出到茶碟外，用餐巾擦干，免得每次拿起杯子，杯底就跟着四处滴滴沥沥。

假如只是几滴肉汁或调味酱稍稍弄脏自己面前的桌面，轻轻用餐巾的几个小角落加以擦拭。擦完要把餐巾放大腿上时，小心地加以折叠，使得上面的污渍不致沾染你的衣服。

如果弄翻食物情况惨重时，随后的补救措施须视实际况而定。如果在餐馆，做东请客的主人应该会召来侍者善后。如果是在别人的家中，而且有侍者或他人服务，他们会帮你善后。如果这种状况发生在你自己家里，你大概只好赶快到厨房去找一切可用来清理善后东西。如果污渍不大，你可能只须用另一条干净的餐巾盖住即可。如果是肉汁留下的痕迹，用餐巾或毛巾擦去污渍时，记住先清理桌布底下的桌面，免得碱水渗透桌布，侵蚀了桌面。

饮食时注意事项

在较为正式的场合，特别是在大庭广众之前、众目睽睽之下饮用咖啡时，务必要在个人举止方面好自为之，处处谨慎，依礼而行。其中最主要的，是要在饮用的数量、配料的添加、饮时的方法等三个具体方面多加检点。

1. 饮用的数量

饮用咖啡的具体数量，在正式的场合，应注意如下两点讲究。

（1）杯数要少

在正式场合饮咖啡，与其说咖啡是一种饮料，不如说它是一种休闲或交际的陪衬，所以完全可以说人们饮咖啡时多是"醉翁之意不在酒，而在乎山水之间"。在一般情况下，饮咖啡一杯足矣，至多不应多于三杯。

（2）入口要少

饮咖啡既然不是为了充饥解渴，那么在饮用时切勿饮相粗鲁，令人见笑。端起咖啡杯扬脖一饮而尽，或是大口吞咽咖啡，喝时响声大作，都是失礼的。饮咖啡时，一杯咖啡总要喝上十来分钟，并且应分为十来口来慢慢喝，唯有一小口一小口慢慢地品尝咖啡，才能悟出其难言之妙，并且显得自己举止优雅脱俗。

2. 配料的添加

在某些情况下饮咖啡时，需要饮用者自己动手，根据个人需要和爱好，往咖啡里面添加一些诸如牛奶、方糖之类的配料。遇到这类情况，一定要牢记自主添加、文明添加这两项要求。

（1）自主添加

在添加咖啡的配料时，要求自主添加，就是要求大家自己为自己负责，完全自行其事，不要越俎代庖，为他人添加配料。因为个人的需要与偏好往往相去甚远，唯有自己才最了解。自作主张地为他人添加配料，弄不好就会强人所难，令对方反感或者不快。当然，若他人为自己添加配料时，还是应当真诚地向其道谢，而不宜责怪对方多事。

（2）文明添加

在添加咖啡的配料时，要求文明添加，就是要求大家在具体操作时自然大方，温文尔雅，尽量避免不卫生、不得体的做法。比如，若大家同时需要添加配料，彼此要相互谦让，不要你争我抢。若某种配料用完，需要补充时，不要大呼大叫，责备侍者。需要加牛奶时，动作要稳重，不要倒得满桌都是。打算加糖时，应用专用的糖夹或糖匙去取，而不要用自己所用的咖啡匙去取，更不要直接下手去取。

3. 饮时的方法

饮用咖啡时，有许多讲究与禁忌。其中，在礼仪方面要求最多的，一共有杯的持握、匙的使用、取食甜点、交谈须知等四个方面的问题。

（1）杯的持握

饮用咖啡时，不可以双手握杯，不可以用手托着杯底，不可以俯身就近杯子去喝，不可以用手端着碟子而去吸食放置于其上的杯中的咖啡。

持握咖啡杯的得体方法，是应当伸出右手，用拇指与食指握住杯耳之后，再轻缓地端起杯子。若是用一只手大把握住杯身、杯口，或者将手指穿过杯耳之后再握住杯身，都是不正确的方法。

在正式场合，咖啡都是盛入杯中，然后放在碟子上一起端上桌的。碟子的作用，主要是用来放置咖啡匙，并接收溢出杯子的咖啡。若碟中已有溢出的咖啡，切勿泼在地上或倒入口中。可以纸巾将其吸干，或将其倒入杯中。

饮咖啡时，是否需要同时端起碟子，不好一概而论。若坐在桌子附近饮咖啡，通常只须端杯子，而不必端碟子。若距桌子较远，或站立、走动时饮咖啡，则应用左手持杯、碟一起端起，至齐胸高度，再以右手持杯而饮。这种方法又迷人，又安全。说它迷人，是因为姿势好看。说它安全，则是可以防止溢出杯子的咖啡弄脏衣服。

（2）匙的使用

作为咖啡具大家族的重要一员，在正式场合饮咖啡时，人手一个咖啡的咖啡匙其实作用不大。如果穷尽其极，它只能够作以下三件小事：第一，加入牛奶或奶油后，可以之轻轻搅动，使其与咖啡相互融合。第二，加入方糖之后，可以之略加搅拌，促使其迅速溶化。第三，若嫌咖啡太烫，可待其自然冷却，或以匙稍作搅动，促使其变凉。

咖啡匙的使用，有两条非常重要的禁忌。其一，是不可以用匙去舀起咖啡来饮用。在公共场合这么作，定会令人瞠目。其二，是不可以让它在咖啡杯中立正。不用它的时候，可将其平放在咖啡碟里。

（3）取食甜点

在饮用咖啡时，为了不伤肠胃，往往会同时备有一些糕点、果仁、水果之类的小食品，供饮用者自行取用。

需要取食甜点时，首先要放下咖啡杯，而在饮用咖啡时，手中也不宜同时拿着甜点品尝。切勿双手左右开弓，一边大吃，一边猛喝。这种做法，会显得吃相不雅。另外，切勿只吃不喝，弄得本末倒置。

（4）交谈须知

在饮用咖啡时，应适时地与交往对象进行交谈。在交谈时，务必要细语柔声，千万不要大声喧哗，乱开玩笑，更不要与人动手动脚，追追打打。这样做，会破坏饮咖啡的现场氛围。

不要在他人饮咖啡时，向其提出问题。自己饮过咖啡要讲话以前，最好先用纸巾揩一揩嘴，免得咖啡顺嘴流淌，或弄脏嘴角，显得自己模样难看。

组织和团体集会中的礼仪

集会时的礼仪

学校中的集会，一般有班会、校会、运动会、讲座、报告、演出等内容，下面分别介绍与上述内容有关的礼仪。

一、准时到会

集会活动能否按时开始，与到会人员能否准时到会有关。集会多是事先安排的，无论是老师还是学生，都会把这个时间留出来，会后的时间，又各有安排。不能准时开会，就意味着不能准时散会，别人的安排就会被打乱，这就耽误了人家的时间，损害了别人的利益。若是个别人迟到，必然会对会场的气氛造成或大或小的干扰。不能准时到会无论从哪个角度讲，都对别人有影响，对与会人员是不尊重的，对于迟到者来说，是失礼的行为。所以，参加各种集会活动，一般应提前几分钟到会，以保证准时开会。

在特殊情况下，可以参照以下的礼仪。

迟到了，尽量在后就座，坐下时要轻。翻动椅子、挪放椅子要尽量不发出声响。如果本班的位置在前面，必须回班，须等活动进行到一个段落时，弯下腰，悄声小步走动。如果需要提前或中途退场，可依前例。迟到了还大摇大摆地从同学们面前走过，把椅子弄得很响，或做出引人发笑的动作是不够自尊的表现，也是不尊重他人的行为。

从礼仪的角度讲，迟到本身就是失礼的事情，尽管有的迟到是有原因的，对集会来说，也是失礼的。弯腰并悄声行动，把影响减到最小的程度本身既有尊重别人，尽量不干扰别人的意思，又有自责的诚意，是符合礼仪的。相反的，自恃迟到有理，趾高气扬，至少是浅薄而没有教养的表现。

礼仪的基本原则是相互尊重，在尊重别人的同时，也是一种自重，是珍惜自己的形象，尽量给别人留下一个完美的印象的表现。因此，在集会中，要处处为别人着想，尊重别人，这样才能显示出你良好的教养和翩翩的风度，同时，也得到别人对你的尊重。

二、服从调动

到会后，应服从大会组织者的指挥调动，按要求入座，使得秩序井然。一般情况下，就座后不应该再乱走动，越过好几个同学捅别人一下，到其他班级去找朋友聊天，都是不应该的。按照个人礼仪要求，应以正确、自然、放松的姿态坐好，静等集会活动开始。不听从指挥调动，乱争乱抢座位是很失礼的行为。退场时，也应服从指挥，井然有序地退场。

三、保持安静

无论哪一类集会，一般情况下均应保持相对的安静。即使在运动会上，有时保持安静，是为运动员创造好成绩的必要条件，也是对参赛运动员的尊重。如跳高场上，只剩一个运动员了，他正向校纪录冲击。在起跳线前，正聚敛精力，准备起跳，此时，场外的喧闹对他很不利，会影响他的判断和决心。因此，在集会中，应把自己的行为举止造成的影响减低到最小的程度，以保持安静。

四、适度鼓掌

报告听到精彩处，每个节目结束时，同学受奖时，均要鼓掌，表示赞同、祝贺和敬意。真诚而热烈的掌声，会激发对方的情绪，烘托和渲染会场的气氛，使所有参加集会的人都受到鼓舞。但是，每一位同学都应懂得，鼓掌有不同含义，并表现着鼓掌者本身的文明程度和教养的高低。适时、适度鼓掌才符合礼仪。不同时刻的鼓掌，有不同的含义。

听报告时，主讲人到场，大家起立热烈鼓掌，表示欢迎和敬意。报告听到精彩处鼓掌，表示对所讲内容的赞同和赞赏。报告结束或演出结束时鼓掌，是对主讲人或演员的劳动表示感谢。鼓掌的时间不宜过长，也不宜太频繁，否则不仅失礼，而且有起哄之嫌，更不应该一边鼓掌一边乱叫乱喊，打口哨，出怪声，这些都是很不文明的表现，也是对主讲人或表演者的一种侮辱，是严重的失礼行为。

五、表示异议的礼仪

无论是校会还是班会，对主讲人所讲的内容另有看法，或不赞成是经常遇到的，比如，所举事例有出入，数据不准确；主讲人思路不清，语言罗嗦，语病较多；发言含混，地方口音等均可能引起反感、不满和产生疑问。这种情况下，如何做才符合礼仪呢？

学生的任务是学习，不仅要学习课本上的知识，也应该学习课外各个方面的知识。因此，首先应分清主次，想一想主讲人所讲的内容及主要观点是否可接受，取其主要观点，保留不同见解，不必争辩。

其次，要抱着尊重主讲人的基本态度，与人为善，遵守会场的纪律，耐心听完。毫无顾忌地哄堂大笑，讥笑，学讲话人的腔调，指责或在下面小声议论，造成会场的骚乱，都是很失礼的行为。

如果觉得非当场表达不可，可以通过适合的方式来表达。如写成小条，悄悄传递给会议的主持人，善意提出自己的看法，也可以在会后，向有关老师和善地提出自己的意见和希望，帮助有关方面提高集会的质量。

 聚会注意事项

1. 开朗、乐观、豁达

聚会本以放松、休闲为目的，应保持一种轻松、活泼的气氛，即使心中有烦闷之事亦应暂时忘却。保持聚会的良好氛围，是每个参与者的义务，若聚会中有你不认同的其他参与者，也应抱着"既来之，则安之"的原则，注意必要的礼节，不可当众发难，令主人和众人难堪。

2. 准备充分，慎重发言

讨论会和专题座谈会这类较为严肃的学术性聚会应事先准备发言提纲，考虑成熟，对提出的观点做认真的推敲，既不能无的放矢、文不对题、条理不清、离题甚远，白白浪费大家宝贵的时间，也不能为了哗众取宠，故弄玄虚，结果言不及义，或使讲话内容过分出格，更不能旁若无人，"以我

为中心"，对他人的发言充耳不闻，甚至连讨论的问题尚未搞清，就与别人争论不休，让人耻笑。

3. 语言简练，切忌争论

发言时间要严格控制，不能话题一出去就收不回来，影响其他人发言，提出新观点应以谦虚的措辞开头，"我个人的浅见是……""我粗略的想法为……"对于别人发言中的不同观点和看法不一致的，应抱着"我不同意你的观点，但我誓死捍卫你保留自己观点的权力"这么一种乐观主义态度。尤其不能进行无谓的非学术性的口舌之争，伤及双方的面子。

4. 多听少说，多看少议

兼听则明，偏听则暗，世事百态，权作看戏，况且做一个忠实听众也是人际交往的技巧之一。

5. 新朋老友主动结识

聚会是一个最佳社交场所，在轻松的气氛中，人人心情愉快，对他人的防备心理甚低，此时应主动扩大自己的交际范围，更多地认识新朋友。同人交谈，要诚恳虚心，既要主动发表自己的见解和主张，也要善于向他人学习和请教，以开阔视野，增长知识。

6. 言行文明，举止得体

言谈讲话应注意文明，音量、音调、语速应保持适中，不可手舞足蹈，唾沫横飞。行为举止要自信，唯唯诺诺，东顾西盼也不符合礼仪要求，应保持自然，给参加者留下良好印象，赢得大家的信任。

7. 尊重女士，尊重长者

首先，要语言文明，不允许在他们面前胡言乱语，行为嚣张。不应在妇女、长者面前说"脏"字，开无聊过头的玩笑，不准把"小姐"、"漂亮姐"、"老头儿"、"老太太"之类失敬语挂在嘴上。笑话、幽默不应带"黄"色，抽烟前应先请示同意，更不允许与妇女、长者动手动脚，打打闹闹。亲切与放肆、平等与辈分之间的界限，是永远不可忽视的。其次，与他们相处时，多长一些"眼色"，要尽可能地体谅、帮助、照顾他们。行走时，应请其优先；就座时，应让其为尊；携带物品时，应为其代劳；安排活动时，应首先考虑他们的状况。

8. 体谅主人

应当设身处地处处多替主人着想，尽可能地对其施以援手。至少也应该做到不给主人忙中添乱，雪上加霜。参加聚会之初，不要忘了去问候主人，在举办期间，可以找机会向主人询问一下"我能做些什么"。早到者应承担起半个主人职责，替客人续茶、递烟，帮主人运送物品，也能使自己尽快地让他人认同。对于聚会中出现的一些不愉快，如准备不足、物品短缺、食物品不佳等，切不可说三道四，对主人指手画脚。聚会结束时，应主动问主人"我能帮一些什么忙"，在主人谢绝后，主动向他道别，并表示谢意后方可离去。

聚餐礼仪

学生聚餐的种类很多，通常有节日聚餐、生日聚餐、接风聚餐、饯行聚餐等等。根据聚餐的处所又可分为家庭聚餐和餐馆聚餐。

（1）节日聚餐：在节日宴请亲朋好友聚餐，以表祝贺。如"五四青年节""国际劳动节""国庆节""元旦"等等。这种活动可以增加节日的欢乐气氛。

（2）生日聚餐：生日期间，亲朋好友聚餐。在聚餐中，新老同学相聚共度美好时刻，以增进友情。过生日，

学生聚餐

农村有吃鸡蛋、吃面条的习俗，现在通常采用设宴的形式。

（3）饯行聚餐：学友去外地学习或工作，临行前举行的聚餐，这种活动使同学感到友情的温暖。

（4）接风聚餐：朋友自远方来，三五知己，相聚一起，共享美味佳肴，以表欢迎。

另外，还常有升学聚餐，乔迁聚餐等等。

古人判断一个人有无教养，很重视他的吃相。一个人的吃相最能表现他的文化和修养水平。

（1）入座的礼仪：聚餐时，先请客人入座，再请长者入座客人旁，最后自己做在离门口最近的座位上。入座时要从椅（凳）左边进入，要端正，腰要挺直。

（2）吃态的礼仪：聚餐时要特别注意自己的吃法和举止，食物送入嘴中要闭口咀嚼，并细嚼慢咽，嘴里不要发出声音；不要往地上吐东西，可以把骨头、鱼刺儿用筷子从口中取出，不要直接吐到桌子上；如果牙里塞有东西，可以到卫生间去漱漱口，不应当着别人的面剔牙，如果要剔牙，也要用右手，左手挡着嘴，并注意不要边剔边吐；吃饭时，要控制神经质小动作，如用手敲打桌面或用刀叉敲击玻璃杯，用筷子敲击饭碗等，这些烦躁的响声是不礼貌的，进餐时不要打喷嚏、咳嗽，万一不能抑制，必须把头转个方向，用手绢掩住鼻子。

一个人的吃相几乎比任何别的社交礼仪都更能显示其是否有良好的教育及风度。

（3）夹菜的礼仪：在同席人未动筷前不可先自动筷，夹菜时不要取得过多，吃完后再取，但不宜频频取一种菜。对不合口味的菜，不要显示出不爱吃的表情，夹菜时不能任意挑拣，更不能在菜盘里乱搅，夹菜偶然掉落时，不可放回盘内，邻座夹菜要避让，给别人夹菜要用"公筷"。文明的吃法是人生的一大快乐。

（4）吃西餐的礼仪：吃西餐时一般右手拿叉，先用刀把食物切成不同的小块，不要依次把食物都切开，切好后要用叉送入嘴里。吃正餐时，刀叉的数目与上菜的道数是相等的，并按照上菜的顺序，由外主内排列。取用刀叉也应按照由外主内的顺序，吃一道菜，换一套餐具，切菜时不要用力过猛，以免撞击盘子发出响声，暂时离开座位时，应把刀叉交叉摆好，或放成"八"字，以示尚未结束，若将刀叉方到盘子上，刀右叉左表示用餐结束。

（5）喝汤的礼仪：喝汤要用汤匙，不要端起碗来就喝，要用汤匙一口一口送入口中，第一次舀汤要少，主要尝试一下汤温度，如果汤菜太热，可以用汤匙在碗里慢慢搅动，待稍凉后开喝，切勿用嘴吹。

（6）吃水果的礼仪：吃水果时也要注意礼仪。吃苹果、梨时不要整个拿着咬，要用水果刀切成4瓣，再用刀去皮核，然后用手拿着吃；吃西瓜、菠萝应去皮后切成块吃。

（7）退席的礼仪：如果是家庭聚餐至少要在饭后停留一刻钟左右告辞，吃完后马上离去是不礼貌的。宾客退席时须向主人表示感谢，或就在此时邀请主人到自己家里做客，以示感谢，主人应在门口为宾客送行。

 ## 在集会中为什么不应随便走动和发出声响

在集会中随便走动和发出声响，是一种不礼貌的表现。

首先，它将影响报告人的情绪，破坏会场的气氛。这在一些庄严隆重的会场里尤其显得突出。

其次，这又是不尊重他人的表现。因为大家都在聚精会神地听报告，由于有人随便走动，便会分散别人的注意力，影响别人听报告的情绪。

再者，它还可能影响自己班级的集体荣誉。因为在集会过程中，实际上也是在对各个班级的纪律、精神面貌进行着无形的评比。往往由于个别学生不能遵守纪律，而损害了班级的荣誉，成为"害群之马"。

因此，每个学生必须自觉地遵守会场纪律。如若因碰到特殊情况而迟到，就应悄悄地进入会场，坐在后排的座位上，不要大摇大摆地走到前面，以免目标太大而分散别人的注意力，并挡住别人的视线。若因上厕所等原因必须进出会场，那也应弯着腰悄悄地出去，再悄悄地进来，以尽量减少对别人的干扰。学校集会是扩大了的课堂上课，由于人数多、班级多，客观上需要学生更为严格地要求自己。遵守会场纪律也是一种基本礼仪。

 ## 在集会过程中怎样向报告人表示敬意

在集会过程中，与会人能遵守会场纪律，是对报告人最大的敬意。

首先，听报告的学生应准时入座。最好是在会议开始之前，报告人还未走上主席台的时候就进入会场，坐好恭候报告人到来。当报告人出现在主席台上时，全场应立即安静下来，并报之以热烈的掌声，这是表示对报告人的衷心欢迎。这种文明礼貌的行为，会深深感染作报告的人，激发他的情绪，使他的报告作得更加生动。

在报告过程中，每个学生应该端坐静听。不要交头接耳窃窃私语，不要打瞌睡，否则会使整个会场显得不安定，影响报告人的情绪。在一般情况下，如无特殊情况，每个学生都应听完报告终席而散。有的学生借故中途离席，大摇大摆地离开会场，这是对报告人的极大不恭，它会使报告人感到难堪，甚

认真听取报告会

至影响报告的效果。在报告人说到精采之处时，学生可以鼓掌，以表示赞同和钦佩。

报告结束，与会学生应报之以长时间的热烈掌声，以表示对报告人的深切谢意。如果报告人离席先走，则应再一次鼓掌表示欢送。

集会中如不同意报告人的讲话该怎么办？

在集会中，听报告者不同意报告人的讲话，是常有的事，原因也是多种多样的。有的可能是因报告人本身没有作好充分准备，思路紊乱，语无伦次；有的可能是因报告过长，内容太多，使听者感到厌烦和疲劳；有的可能是因报告人本人表达的能力较差，不善言谈，报告内容枯燥不生动，使听者感到乏味；有的可能是由于报告人事先没有作好调查研究，信口开河，乱说一气，有的可能是由于报告人引用数据和事例不够准确等等。上述这些情况，都可能会引起听报告者的反感和不满。

在学校里，由于学生的主要任务是学习，在集会中如果对报告人的讲

话有某些不同意见，首先应虚心思考而不能擅自采取行动；如果感到确有提出意见的必要，则应通过班级老师和会议主持人，以正常的方式予以反映。其具体做法是：

对于上述前三种情况，与会人一般应先抱着尊重报告人的态度，耐心听完报告。在会议结束以后，可以向会议的组织者提出意见，希望报告人今后认真作好准备，提高报告质量。切不可当场在下面纷纷议论、"开小组会"，造成会场秩序的混乱，使报告人感到尴尬和难堪。

对于上述后两种情况，与会人通常可以采用递条子的办法，向报告人指出报告中的某些谬误之处。对于报告中的错误观点，则可以递条子给会议的组织者，由其采取恰当的方式方法来中止报告。决不可用起哄、喝倒彩、当面责问和起立辩论等方法哄闹，逼迫报告人下台，因为这是十分不礼貌的行为。

在集会上作自由发言应注意的礼仪

不少学生，可能对在集会上作"自由发言"还缺少正确的认识，以为既是"自由发言"就可以随便乱说，其实不然。所谓自由发言，是指在某个会上，与会者都有资格发言。但既然是集会，说明它本身是有组织、有领导的。因此，在集会上作自由发言，仍然要遵守有关的纪律和懂得礼仪规矩。

（一）发言要举手。要在得到主持人的同意后，方可站起来发言，不能在台下七嘴八舌。

（二）应尊重别人的发言。在别人发言的时候，应认真听，不要做出很不耐烦或满不在乎的样子。不要随便插话，更不能打断别人的讲话。如若自己不同意发言者的观点，不要立即反驳，也不要和周围的同学议论，扰乱会场纪律，更不能公然露出鄙夷的神色。

（三）在阐述自己的观点或反驳别人的观点时，应注意观点明确。要以理服人，论据充分，不要将自己的观点强加于人；对不同的意见，不要扣帽子，切忌出言不逊，盛气凌人，恶语伤人。

组织和团体集会中的礼仪

191

（四）当别人否定自己的观点时，应虚心听取其意见，让人家把话讲完。不要急躁，不要说出有损别人人格的话。因为既是自由发言，就允许各抒己见，畅所欲言。

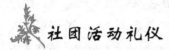 社团活动礼仪

中学生在校期间，除参加少先队或加入共青团组织外，有的还要参加社会团体、学科团体，如红十字会、青年志愿者组织、文学艺术社团、自然科学学科兴趣小组（气象、航模、无线电、天文、植物等）、小发明小制作协会等。参加这些社团活动，必须遵守该团体的礼仪规范。

1. 青年志愿者组织

青年志愿者组织

在两个文明建设中，我国各地出现了不少的青年志愿者组织，它们以弘扬民族精神为宗旨，以扶危济困为目的，无偿提供咨询、援助，经常开展志愿者活动。在许多中学里，在共青团组织的指导下，也成立了青年志愿者组织，开展志愿者义务奉献活动，以培养青少年无私奉献的美德。中学生参加志愿者组织的活动，必须遵守组织规程，按要求参加组织活动，义务参加校内公益劳动和社会服务活动。在活动中，青年志愿者要注意自身形象，恪守日常行为的礼仪，既做积极的奉献者，又成为讲文明、讲礼仪的典范。

2. 文学艺术社团

为了丰富学生的课余生活，许多学校成立了文学社、舞蹈队、曲艺队、乐队等，并且开展了各项文艺活动。中学生参加社团活动，要遵守社团纪律，服从社团领导；要刻苦学习，努力提高自身文学文艺素养，为同学服

务，为社团争光。在社团活动中，讲文明讲礼貌，有礼仪有原则，有修养有风范；切忌以己所长较人所短，自我欣赏，目中无人；要互相切磋，共同提高。文学社成员要按时完成任务，定期上交习作，积极参加竞赛活动；文艺团体成员要经常练习基本功，开展班级文化娱乐活动，进行校际交流，创建校

各种文学艺术社团

园文化氛围，促进同国际中学生社团的友好往来，弘扬中华民族的传统美德。

　　3. 学科兴趣活动小组

学科兴趣活动小组

　　为了拓宽学生视野，提高学生能力，培养学生特长，许多中学都成立了学科兴趣活动小组，形成了课堂教学的延伸——第二课堂。一般学校都有气象、航模、天文、植物、无线电等兴趣小组，小组的成员都是学科成绩优异或对该学科兴趣浓厚的同学。兴趣小组是在辅导老师的指导下开展活动的，小组成员应尊重辅导老师的指导，遵守兴趣小组的纪律，积极参加兴趣小组的活动。小组成员间应互相尊重、团结互助，注意发挥集体的力量，把小组建设成团结、奋进的集体。气象活动小组的同学要每天注意气象观测，作记录，预报天气，整理资料，并积极宣传气象科学知识。气象小组的活动

组织和团体集会中的礼仪

一定要连续，千万不可中断，一定要作好记录，千万不要以"听"代"察"，或事后补写，要保证第一手材料的客观性、准确性。航模小组成员一定要认真学习航模的基本知识，在辅导老师的科学指导下进行航模制作、实验，参加各级航模比赛，出现的问题要及时解决，而且从道理上弄通弄懂，适时改进航模装置，进而有一定的发现和发明，要保管好航模器材，正确地使用航模器材。天文兴趣小组成员，要有吃苦耐劳的精神，要有恒心有毅力，要爱护天文仪器，要认真培养观察力。每天定时观测，作好记载，遇有重大天文现象要积极主动观察，切忌三天打鱼，两天晒网，草率从事。进入天文台要换鞋更衣，观察完毕要收理好仪表仪器，清理打扫天文台，定期保养仪表仪器。参加动植物兴趣小组的同学必须做到观察仔细，记录认真，科学制作标本，因此，该组成员要求细心、耐心、倾心、精心，爱护动植物标本，积极参加活动，虚心好学。参加无线电兴趣小组的成员，首先要遵守国家有关无线电管理条例，不干违法乱纪之事，不能有损害国格人格之举。在辅导老师的指导下，进行实验、操作，要把所学知识运用到实践中去，要爱护无线电器材，遵守小组规章制度。

4. 小制作小发明协会

在中学里，学生通过劳动技术课的学习，具有了一定的小发明小制作的能力。协会会员则需要充分发挥其动手能力和想象联想能力，并且要逐步提高欣货能力。在小制作的过程中，既要尊重辅导老师，又要发挥个人才子；既要集思广益，又要发挥主观能动性；既要谦虚谨慎，又要敢于创新。在小制作过程中，一

小制作小发明协会

定要本着节俭的原则，最好能进行废旧物晶的综合利用，力求变废为宝。小发明既要重科学性，又要重实用性。加入协会的同学要注意知识的积累，注重科学实验，不可剽窃他人成果。

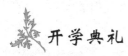

开学典礼

开学典礼是学校为祝贺新生入学、新学期开学而举行的隆重的庆典仪式。举行开学典礼，是对学生进行入学教育的第一课，不仅可以使新生了解学校的历史、现状，而且可以使新生明确学校的培养目标和管理制度，明确学校学习生活的特点，为了尽快适应在校学习和生活做好思想准备。同时，对老生来说开学典礼也起到教育规范的作用，让学生明白本期的学习任务，学校的要求和本期开展的活动等。

开学典礼仪式程序一般是：先进行升国旗仪式；然后主持人宣布典礼开始；接着领导讲话，老师代表讲话，学生代表讲话。开学典礼是入学后参加的第一项集体活动，因此，无故不要缺席，不要迟到，应随班集体提前到达会场，到指定位置就座。在主持人宣布开学典礼开始或介绍

升旗仪式

学校各级领导和来宾时，在领导及教师、学生代表发言时，应适时地报以热烈掌声。奏《国歌》时，要听从主持人的指挥。原地起立，呈立正姿势。整个过程，要注意认真听讲，不要交头接耳讲话，不要干与典礼无关的事情，不要随地吐痰，不要乱扔杂物，保持会场的清洁卫生。开学典礼结束时，应等主席台上的领导、来宾退席后再按顺序退场。

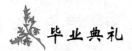

毕业典礼

中学生完成初中或高中学段学习任务并经过考试成绩合格，就准予毕业。届时学校要举行毕业典礼。全体应届毕业生、学校领导和担任该届教学工作的教师以及学校的有关部门工作人员应参加毕业典礼。毕业生家长

组织和团体集会中的礼仪

（或家长代表）也应被邀请参加，必要时还可邀请当地有关领导以及本校校友中的知名人士参加，在校学生也可派代表参加。

典礼会场气氛应隆重、热烈。毕业生应身着校服（有条件的可着毕业生礼服）、佩校徽，按班级在主席台下就座。

毕业典礼

参加毕业典礼的学生，应珍视这一仪式，注意典礼礼仪。在听取发言时应专注，要适时适度鼓掌，以表示感谢或认同。在领取毕业证书时，毕业生要依次上台，稳步走上前，双手接过毕业证书并向颁证者鞠躬致谢；接证后应转身向台下各位点头示意，然后稳步走下主席台。颁证过程中，台下的同学应和着欢快的乐曲有节奏地鼓掌。在典礼结束后，毕业生不必立即离开会场，应手持毕业证书互相祝贺，向老师表示感谢，向家长表示感谢，还可以随意即景摄影留念。

校庆典礼

学校逢五或逢十的校庆可举办校庆活动，其中一项是举行校庆典礼。

校庆典礼

校庆典礼一般要广邀该校历届毕业生返校参加。在校学生在校庆典礼中的一项重要工作即是担任服务员，全体服务员应统一着装，保持良好的精神面貌，对所有来宾都应热情有礼。担当迎宾任务的同学要身披迎宾绶带、面带微笑，恭迎来宾；担当引导任务的同学要谦恭有礼热情周到；

担当接待任务的同学应有礼貌地对来宾进行登记。对老校友，应帮他们在事先准备好的胸牌上填上校友毕业届次和姓名，并帮他们佩戴在胸前，以免久别重逢的校友因叫不出对方姓名引起尴尬；对其他来宾，应备好笔墨并招呼他们在纪念册上签到或题词。校友、来宾到场的情况要及时向大会主持人通报。没有参加服务工作的同学参加典礼，要遵守纪律服从指挥，会下也可主动协助做引导、接待工作。

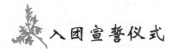 入团宣誓仪式

入团宣誓仪式是由团组织主持的新团员入团的仪式。参加入团宣誓仪式的新团员，要在团旗下列队肃立，宣誓时右手握拳举于右耳稍高处，读誓词时，要目视团旗，随领誓人齐声宣读，声音要响亮、坚定、有力。在领誓人报完"领誓人×××"之后，宣誓人要依次报"宣誓人×××"，随后放下右手。

入团宣誓仪式

入团誓词是《团章》规定的，内容是："我自愿加入中国共产主义青年团，坚决拥护中国共产党的领导，遵守团的章程，执行团的决议，履行团员义务，严守团的纪律，勤奋学习，积极工作，吃苦在前，享受在后，为共产主义事业而奋斗。"

宣誓前或宣誓后唱《光荣啊，中国共青团》（代团歌）。

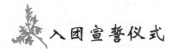 成人宣誓仪式

18 岁是一个法律年龄，依照《中华人民共和国宪法》，年满 18 岁的公民都有选举权和被选举权，这就意味着随着 18 岁的到来，你已经是一个成年人了。共青团组织在全国范围内开展的 18 岁成人仪式教育活动，是一项青年思

组织和团体集会中的礼仪

想道德文化教育活动。1996年"五·四"前夕，团中央对18岁成人仪式活动作出了规范，确认18岁成人仪式教育活动是一个系统的教育过程，规定了这一教育过程应包括成人预备期教育、成人预备期志愿服务和成人宣誓仪式三个环节，并对18岁成人宣誓仪式作出规范。举行宣誓仪式的地点可以是当地举行重要政治性活动的场馆和具有纪念意义的历史遗址、烈士陵园等。成人宣誓仪式必须按照规定的程序进行，使用统一的誓词、标志和主题歌曲。举行宣誓仪式的时间可根据实际情况，安排在每年的5月或10月。

参加成人宣誓仪式的同学着装要整齐。可以不必穿校服，但服装最好是统一。男生可以穿白衬衣，也可穿合体的深色西装；穿白衬衣若打领带，则不能绾袖，穿西装则需内衬白衬衣，一定要打领带。女生可穿裙装。参加成人宣誓的同学要态度严肃，要保证仪式气氛庄重。领誓人应由学校主要领导担任，也可特邀德高望众的英模人物担任。宣誓时，要精神饱满，态度严肃，随领誓人齐声宣读，声音洪亮而有力。

誓词是：

（领誓人：请宣誓人举起右手）

我是中华人民共和国公民，在18岁成人之际，面对国旗，庄严宣誓：我立志成为有理想、有道德、有文化、有纪律的社会主义公民。遵守宪法和法律，热爱社会主义祖国，拥护中国共产党的领导，正确行使公民权利，积极履行公民义务，自觉遵守社会公德。服务他人，奉献社会；崇尚科学，追求真知；完善人格，强健体魄，为中华民族的富强、民主和文明，艰苦创业，奋斗终生！

学校升降国旗的基本仪式

国旗，是神圣而庄严的。升降国旗，都应该是在一种严肃、庄重的气氛和场合中进行。

升旗：按国家教委所发《关于施行〈中华人民共和国国旗法〉严格中小学升降国旗制度的通知》精神，应该在每周星期一的早晨举行（寒暑假及天气不好除外）。遇重大节日或纪念日也应举行升旗仪式。举行升旗仪式

升降国旗的基本仪式

时，在校的全体师生都应参加。首先应将全体学生集合在大操场上，使队列整齐，面向国旗，肃立致敬。

升旗仪式的整个程序是：

（1）出旗（旗手持旗。护旗在旗手两侧，齐步走向旗杆，在场的全体师生立正站立）；

（2）升旗（奏国歌，全体师生行注目礼，少先队员行队礼）；

（3）唱国歌（由仪式主持人宣布开始与结束）；

（4）国旗下讲话（由校长或其他教师、劳动模范、先进人物等作简短而有教育意义的讲话）。降旗：一般在每日傍晚静校前进行。由旗手和护旗按《国旗法》第十六条的规定降旗。仪式不限，学校可自行安排，但在降旗时，所有经过现场的师生员工都应面对国旗，自觉肃立，待降旗完毕时，方可自由行动。当然，前面已说过，降旗时不一定每次都要将学生集中起来，也可以在放学以后，由旗手和护旗直接将国旗降下来，但在降旗时态度要认真恭敬，然后将旗收好，交给负责保管的老师。国旗切不能随手乱放，以免弄脏弄皱，亵渎国旗的严肃性。

 升降国旗和奏国歌时学生怎样致敬

对国旗和国歌的尊重，实际上就是对我们伟大祖国的尊重。所以，在学校里，每个学生从小就应懂得尊重和热爱国旗和国歌，这也是树立爱国主义思想的具体表现之一。

具体来说，在升降国旗和奏国歌时，师生都应做到如下几点：

（1）要肃立端正。当主持人宣布"升国旗，奏国歌"时，要立正，脱帽，行注目礼。少先队员应行举手礼，直至升旗完毕。在降旗时，同样要立正，并行注目礼。如果学生路过其他单位，恰逢升国旗和奏国歌时，也

199

应立即停止走路,并立正,要等升旗完毕后方可继续行走。

（2）神态要庄严。每次升降国旗和奏国歌,本身是一种爱国主义的教育。当五星红旗徐徐升起时,象征着我们祖国蒸蒸日上,欣欣向荣,所以,在场的人应该仰

升国旗时

视,并产生一种以天下为己任的使命感。在一天结束时,要把国旗降下来,小心珍藏好,这意味着对自己伟大祖国的无限爱戴。

（3）要保持安静。在升降国旗时,队列要整齐,所有的人都要保持安静,切忌自由走动、嬉闹谈笑和东张西望。这些表现,都是对我们伟大祖国的极大的不恭。

为什么应唱好国歌

中国国歌的前身是《义勇军进行曲》。在抗日战争时期,中国的大好河山被日本帝国主义蹂躏践踏,中华民族已到了最危急的时候。我国剧作家田汉作词,音乐家聂耳谱曲,以满腔热情为当时的抗日武装部队义勇军创作了这首歌。这首歌,旋律刚健、深沉和有力,歌词内容充分体现了中华民族英勇不屈、浴血奋战、冲锋向前的精神。这首歌,在当时对鼓舞人们奋起抗日、激励人们的革命斗志,起到了巨大的作用。

中华人民共和国成立以后,这首歌被定为国歌。每当人们唱起这首歌时,仍然会热血沸腾,一种民族自尊心和民族自信力油然而生。

唱国歌,可以了解中国革命史,知道我们的民族是怎样在艰难困苦的条件下,万众一心,坚韧不拔地打倒日本帝国主义,打倒反动派,建立新中国的。它会使自己产生一种历史的使命感,激励自己发扬爱国主义精神,一往无前,努力奋斗,为我国的"四化"大业作出自己应有的贡献。